古文攻略

敬語がわかれば古文は完璧！

皆藤俊司／編著

はしがき

「いづれの御時にか、女御・更衣あまた候ひ給ひける中に、……」

古文学習者が必ず出会うであろう『源氏物語』冒頭の一節です。傍線部分は、いわゆる「二方面に対する敬語」ですが、ここでは謙譲語と尊敬語が併用され、「女御・更衣」とともに、彼女たちがお仕えする「帝」への敬意が同時に示されているため、正確には訳出しづらいところです。そもそも「二方面に対する敬語」そのものが現代日本語ではなじみの薄いものなのです。

客観的で不動のものと思われる文法も時代により定義が変わることがあります。かつて謙譲語は「動作の主体が、客体に対して敬意する」とされていました。その後玉上琢弥博士の「受け手尊敬説」などにより、現在のように「話し手・書き手から動作の受け手に対する敬意を表すもの」と変化しています。ことほどさように初学者にとっては実にめんどうな敬語ですが、「二方面への敬語」をはじめとする敬語は、古文に頻出しますからその理解は大切です。

本書では、正しい解釈につながる敬語理解を目指して、練習問題を含め、すべての例文に主語（主体）と目的語（客体）がわかるよう補足し、さらに現代語訳とともに「敬意の方向」を明示してあります。また、随所に付した「練習問題」では、解法への「考え方」を通して各敬語の正解を導くようにしています。本書での学習を通して、敬語アレルギーの学習者が一人でも少なくなることを願っています。

著者しるす

もくじ

1　三種類の敬語を理解する

古文の解釈にあたって、誰もが「敬語は難しい」と言います。しかし、敬語の知識が大切なこともまた誰もが知っています。敬語の用法についての正しい知識がなければ、古文の読解などおぼつかないからです。

古文学習の主な舞台となっている上代から中古・中世は、身分差のはっきりしていた時代でした。天皇（帝）を頂点とした皇族、左右大臣を中心とする公卿《くぎょう》、清涼殿《せいりょうでん》への昇殿資格のある殿上人《てんじょうびと》、そしてそれ以下の地下《ぢげ》と武士。超高い身分、高い身分、低い身分、当時の社会には明らかな身分差があり、その違いを世の中の人々すべてが理解していました。そういう社会背景の中から敬語は生まれてきたのです。

古文の文章を読むときに、その場の状況を思い浮かべることは読解の上でとても大切なことです。

話をするときには、まず「話し手」がおり、それを聞いている「聞き手」が存在します。そして、話し手と聞き手の間で交わされる「話題」があります。つまり、話し手が話題を持ち出し、聞き手がその話題を受け止めるというトライアングルの関係が成立することによって、話をするという行為が成り立っています。

そのトライアングルの関係は書かれたものを読むときにも同じです。まず「書き手（作者）」がおり、それを読もうとする「読み手」が存在します。書き手と読み手の間で交わされる「話題」が書かれている内容です。そして、その話題（文章）に誰と誰が登場しており、それらの人物が互いにどのような関係にあるのかを頭に思い浮かべることが、敬語理解の第一歩となります。

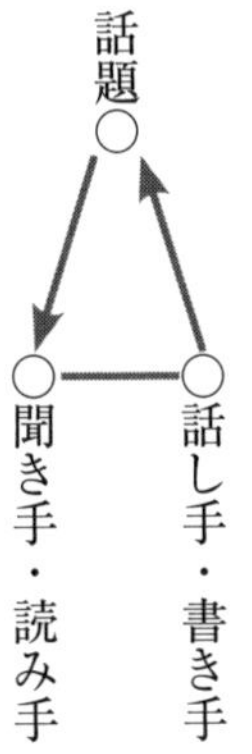

敬語は、話し手または書き手が、誰に対してどのような敬意を表すかによって、「尊敬語」「謙譲語」「丁寧語」の三種類に区別されます。

(1)　尊敬語（動作をする人を敬う）

尊敬語とは、話し手・書き手から動作・状態の主体（動作をする「誰が」にあたる人物）に対する敬意を表すもので、「動作主《どうさしゅ》尊敬」「為手《して》尊敬」とも呼ばれます。

動作をする人物の身分が高い場合に、書き手（作者）あるいは話し手は、尊敬語を用いて敬意をはらいます。その動作の主体に対する敬意表現が文法でいう尊敬です。

尊敬表現の方法には、尊敬の意味をもつ動詞を用いたり、普通の動詞に尊敬の助動詞や補助動詞を添える方法があります。現代語では、〈おっしゃる〉〈お与えになる〉〈御覧になる〉などの尊敬語のほかに、〈お…になる〉〈…なさる〉という言い方があります。

1　八月《はづき》十五日《もち》ばかりの月に出《い》で居て、かぐや姫いといたく泣き**たまふ**。
（竹取物語・かぐや姫の昇天）　**【作者→かぐや姫】**

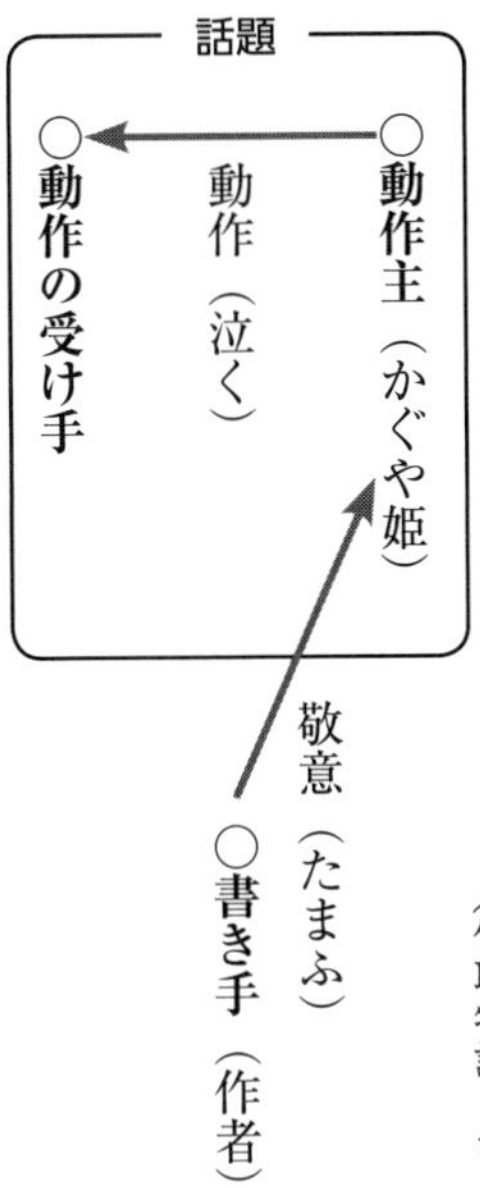

1　八月十五日ごろの（満月の）月が出ているときに縁側に座って、かぐや姫はたいそうひどく**お**泣き**になる**。

例文1は、月の都へ帰る日が近づき、かぐや姫が竹取の翁《おきな》・嫗《おうな》との別れを悲しんで泣く場面です。「泣く」動作をするかぐや姫に対して、「泣く」という動詞に尊敬の補助動詞「たまふ」を添えて、かぐや姫への敬意を表しています。

なお、【　】内の矢印は、誰から誰へという敬意の方向を示しています。

★　★　★

尊敬表現は、話し手・書き手が動作をする人の身分などをどう待遇するかによって、敬意の表現に段階が見られます。

高

①最高敬語の尊敬の動詞「おぼしめす・のたまはす・きこえさす」等
②一般の動詞＋せ（させ・しめ）＋たまふ
③尊敬の動詞「おぼす・のたまふ・仰す」等
④一般の動詞＋たまふ
⑤一般の動詞＋る（らる）

(2) 謙譲語（動作を受ける人を敬う）

謙譲語は、話し手・書き手から動作の受け手（「誰に」「誰を」にあたる人物）に対する敬意を表すもので、「受け手尊敬」とも呼ばれます。

謙譲とは、一般に自分の動作などにへりくだる表現を用いて、相手に敬意を表す表現です。ところが、古文において話題の人物にこれを用いる場合は、動作主の行為にへりくだる表現を用いることによって、その動作の受け手に対する話し手・書き手からの敬意を表すことになります。その受け手に対する敬意表現が文法でいう謙譲です。自分や身内の人間ではない第三者に謙譲表現を用いるわけですが、このあたりが、敬語がわかりにくいとされる最大の理由でしょう。

謙譲表現の方法には、謙譲の意味を持つ動詞を用いたり、普通の動詞に謙譲の補助動詞を添える方法があります。現代語では、〈伺う〉〈申し上げる〉〈拝見する〉などの謙譲語のほかに、〈お…する〉〈お…申し上げる〉などの言い方があります。

2 （元部下の）まさつら、酒、よきもの、（前《さきの》土《と》佐守《さのかみ》に）**奉れり**。

（土佐日記・正月四日）

【作者→前土佐守】

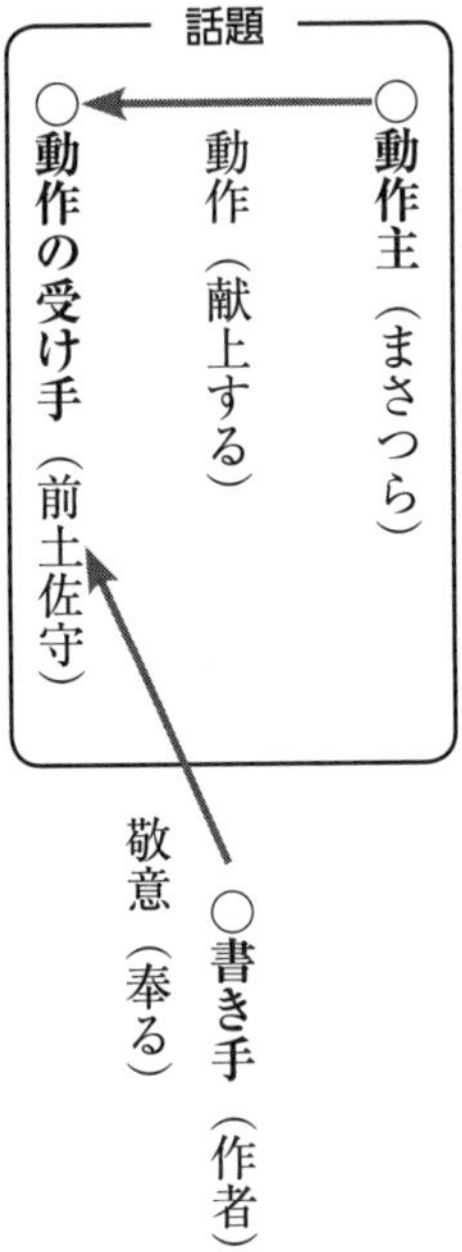

例文2は、土佐の国の国守交代に際して、前の部下だった「まさつら」という人物が酒肴を携えて元の上司に挨拶に来る場面です。「奉る」という謙譲の意味を持つ動詞によって、「献上する」という行為の受け手である「前土佐守」への敬意が示されています。

(3) 丁寧語（話を聞く人や物語を読む人を敬う）

丁寧語は、話し手から聞き手に対する敬意、または書き手から読み手に対する敬意を表すもので、「聞き手尊敬」とも呼ばれます。

話す人が、あらたまった気持ちの言い方をすることによって、聞く人に失礼でないように心がけた表現がありますが、この「あらたまった言い方」が文法でいう丁寧です。身分

---

2 （元部下の）まさつらが、酒と上等な食べ物を（前国守の土佐守に）**献上**した。

関係とは無関係に、書き手から読者へ、話し手から聞き手へという敬意を表す語が丁寧語なのです。現代語では、ふつう〈…です〉〈…ます〉〈…ございます〉などが使われます。

3　法華堂なども、いまだ**はべる**めり。　（徒然草・二五）　【作者→読者】

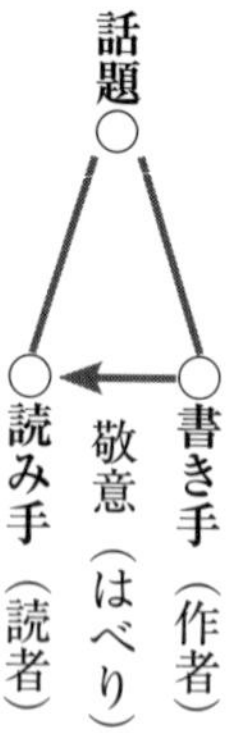

例文3は、時の移ろいの前には、人間の営みはまことにはかないことを述べる一節です。「はべり」という丁寧の意味をもつ動詞によって、読者への敬意が示されているのです。

★　★　★

「尊敬語」と「謙譲語」の二つの敬語は、書き手（作者）または話し手が話題の中の人物をどう考える（待遇する）かで変わる言い方です。丁寧語の場合と違って、聞き手や読み手には関係がありません。

注意したいことは、尊敬・謙譲・丁寧のいずれの場合も、すべて**「書き手（作者）」もしくは「話し手」が敬意の発生源となる**ことです。つまり、敬意の主体は、物語などの文章の場合、地《じ》の文では常に「書き手（作者）」ですし、会話では常に「話し手」であることです。敬語とは、客観的立場にいる「書き手（作者）」または「話し手」が、話題の中の世界について、動作をする人や動作を受ける人の身分関係を考慮して用いる言葉なのです。

なお、「地の文」とは、物語などの文章で、会話や手紙以外の説明や叙述の部分をいいます。したがって、一般的な文章では大部分が地の文になります。

3　法華堂なども、まだ**残っている**よう**です**。

☝ポイント【敬意の方向】

〈地の文の場合〉
尊敬語…書き手（作者）→動作をする人
謙譲語…書き手（作者）→動作を受ける人
丁寧語…書き手（作者）→読み手（読者）

〈会話文の場合〉
尊敬語…話し手→動作をする人
謙譲語…話し手→動作を受ける人
丁寧語…話し手→聞き手

■主な敬語（本動詞）を押さえよう■

古文の敬語には本動詞・補助動詞・助動詞などがありますが、次に本動詞の代表的なものを示しました。いずれも重要語として記憶すべきものです。現代語訳のポイントとなることも多いですし、省略されている主語を見分けるポイントとなります。なお、補助動詞に関しては30ページを、助動詞は50ページを参照してください。

尊敬語	現代語訳	普通語
遊ばす・参る	お…になる・…なさる	す
おはす・おはします・います・坐《ま》します・坐す	いらっしゃる・おいでになる・おありになる	あり・をり・行く・来
仰《おほ》す・のたまふ・のたまはす	おっしゃる	言ふ
大殿《おほとの》ごもる	おやすみになる	寝《ぬ》・寝《い》ぬ
思《おぼ》す・思《おぼ》しめす	お思いになる	思ふ

聞こす・聞こしめす	お聞きになる・召し上がる・お治めになる	聞く・食ふ・飲む・治む
ご覧ず	ご覧になる	見る
しろしめす	知っていらっしゃる・お治めになる	知る・治む
給《たま》ふ〈四段〉・給《た》ぶ	お与えになる・くださる	与ふ
奉《たてまつ》る	召し上がる・お召しになる・お乗りになる	食ふ・飲む・着る・乗る
参る	召し上がる	食ふ・飲む
召す	召し上がる・お呼びになる・お取り寄せになる	食ふ・飲む・呼ぶ・着る

謙譲語	現代語訳	普通語
承《うけたまわ》る	お聞きする・お受けする	聞く
聞こゆ・聞こえさす・申す	申し上げる・（手紙などを）差し上げる	言ふ
啓《けい》す	（中宮・皇太子・皇太后に）申し上げる	言ふ
奏《そう》す	（天皇・上皇に）申し上げる	言ふ
存ず	存じ上げる	思ふ
奉る・参らす	差し上げる・献上する	与ふ

給ふ〈下二段〉・給《たまは》る	いただく・ちょうだいする	受く
仕うまつる・参る	お仕え申し上げる	仕ふ・す
侍《はべ》り・候《さぶら》ふ	お仕え申し上げる・お側に控える	あり・をり
罷《まか》る・罷づ	退出する	出づ・去る
参る	参上する・参詣する・差し上げる	行く・来・与ふ・す

丁寧語	現代語訳	普通語
侍り・候ふ	あります・おります・ございます	あり・をり

2　尊敬の本動詞

古文の本動詞における主な敬語の用い方を見ていきましょう。例によって、【　】内の矢印は、誰から誰へという敬意の方向を示しています。

尊敬語は、話題の人物のうち、動作をする人に対して敬意を表すための表現です。古文に現れる尊敬語は「たまふ」をはじめ多数あります。

尊敬語における現代語訳の基本は〈お…になる〉〈…なさる〉です。現代語に相当する敬語がある場合には、それを用いるようにします。

【遊ばす】【参る】〈お…になる・…なさる〉

1 （高倉宮以仁王《もちひとおう》は）御手跡《しゅせき》うつくしう**遊ばし**、御才学《さいかく》すぐれてましましければ、（平家物語・源氏揃《げんじぞろえ》）【作者→高倉宮以仁王】

2 （北山の僧都は光源氏に）「今夜《こよひ》はなほ静かに加持《かじ》など**参り**て、出でさせ給へ」と申す。（源氏物語・若紫）【北山の僧都→光源氏】

3 （匂宮は）御粥強飯《かゆこはいひ》など**まゐり**てぞ、こなたより出でたまふ。（源氏物語・東屋）【作者→匂宮】

「遊ばす」は上代・中古には管弦や狩猟・詩歌などの遊びをする意の尊敬語でしたが、中世になると広くいろいろな動作をする意の尊敬語となります。

例文2の「参る」は、ある行為がなされる意である「す」の尊敬語です。例文3の「飲む」「食ふ」の尊敬語〈召し上がる〉としての働きも覚えておきましょう。なお、「参

---

1 （高倉宮以仁王は）ご筆跡も立派に**お書きになり**、ご学問もすぐれていらっしゃったので、

2 （北山の僧都は光源氏に）今夜はやはり静かに祈祷《きとう》など**なさっ**て、（それから）お帰りなさいませ」と申し上げる。

3 （匂宮は）おかゆやこわめしなどを**召し上がっ**て、こちらからお出になる。

る」には尊敬語としての働きとともに謙譲語としての働きもある最重要語のひとつです。動作の主体や受け手が誰なのかを文脈から読み取る必要があります。

【おはす】【おはします】【います】【坐《ま》します】【坐す】〈いらっしゃる・おいでになる・おありになる〉

4　(光源氏は)殿に**おはして**、泣き寝に臥《ふ》し暮らしたまひつ。
(源氏物語・若紫)【作者→光源氏】

5　むかし、惟喬《これたか》の親王《みこ》と申す親王**おはしましけり**。
(伊勢物語・八三)【作者→惟喬の親王】

6　(匂宮《にほふのみや》が)「右大将の宇治へ**いまする**こと、なほ絶え果てずや」とのたまへば、
(源氏物語・浮舟)【匂宮→右大将】

7　福原の新都に**坐します**人々、名所の月を見んとて、
(平家物語・月見)【作者→福原の新都の人々】

8　わが背子《せこ》が国へ**まし**なばほととぎす鳴かむ五月《さつき》はさぶしけむかも
(万葉集・三九九六)【作者→わが背子】

いずれも「あり」「をり」「行く」「来」の尊敬語です。上代には「います」が、中古では「おはす」「おはします」が使われていました。「おはす」よりも「おはします」の敬意の度は高くなります。やがて中世になると、「おはす」に代わって「まします」が盛んに用いられるようになります。「坐す」は主に上代に用いられていました。中古以降はわずかに和歌などにのみ見られます。

4　(光源氏は)自邸に**お帰りになって**、泣きながら寝てお暮らしになった。

5　昔、惟喬の親王と申し上げる親王が**いらっしゃった**そうだ。

6　(匂宮が)「右大将(＝薫《かをる》の君)が宇治へ**お出かけになる**ことは、いまもなおすっかり絶えていないのか」とおっしゃると、

7　福原の新都に**いらっしゃる**人々は、名所の月を見ようというので、

8　あなたが故郷へ**おいでになって**しまったら、ほととぎすの鳴く五月は(私ひとりで)寂しいことだろうなあ。

【仰《おほ》す】【のたまふ】【のたまはす】〈おっしゃる〉

9　(後白河) 法王、「あれはいかに」と**仰せ**ければ、(平家物語・鹿谷《ししのたに》)【作者→法王】

10　(ある女房が)「職《しき》へなむ参る。ことづけやある。いつかまゐる」など**のたまふ**。(枕草子・かへる年の二月二十日よ日)【作者→ある女房】

11　皇子《みこ》、「いと忍びて」と**のたまはせ**て、人もあまた率ておはしまさず。(竹取物語・蓬莱《ほうらい》の玉の枝)【作者→皇子】

「のたまはす」は『のたまふ』+尊敬の助動詞『す』の複合語です。敬語の下に「す」がついて敬意をより強めたもので、「のたまはす」で一語とみなします。天皇・上皇・皇后などの動作に用いられます。

【大殿《おほとの》ごもる】〈おやすみになる〉

12　親王《みこ》、**大殿ごもら**で明かしたまうてけり。(伊勢物語・八三)【作者→親王】

「大殿」とは寝殿のことです。それに四段動詞「籠《こ》もる」がついてできた、「寝《ぬ》」「寝《い》ぬ」の尊敬語です。「寝殿に籠もる」ことから「寝る」というイメージは容易でしょう。

【思《おぼ》す】【思《おぼ》しめす】〈お思いになる〉

13　(帝は) 風の音、虫の音《ね》につけて、もののみ悲しう**おぼさるる**に、(源氏物語・桐壺)【作者→帝】

9　(後白河) 法王が、「あれはどうした」と**おっしゃっ**たところ、

10　(ある女房が)「これから職の御《み》曹司《ぞうし》へ参上する。ことづけはありませんか。あなたはいつ参上しますか」などと**おっしゃる**。

11　皇子は、「ごくこっそりと(行くのだ)」と**おっしゃって**、供の者も多くは連れていらっしゃらない。

12　親王は、**おやすみになら**ずこの夜をお明かしになった。

13　(帝は)風の音や虫の音(を聞く)につけて、何ということなしにただもう悲しく**お思いになる**ばかりであるのに、

14　（帝は）源氏の君を限りなきものに**思しめし**ながら、（源氏物語・紅葉賀《もみぢのが》）【作者→帝】

「思しめす」は「思す」の連用形に尊敬の補助動詞「めす」がついた形です。「思ふ」が基本語で、「思ひたまふ」→「思す」→「思しめす」の順で敬意の度が高くなります。

【聞こす】【聞こしめす】〈お聞きになる・召し上がる・お治めになる〉

15　（八《や》千《ち》矛《ほこ》神が）賢《さか》し女《め》を有りと聞かして麗《くは》し女を有りと**聞こして**、（古事記・上）【作者→八千矛神】

16　「……」など（中宮が）語りいでさせ給ふを、上も**聞こしめし**、めでさせ給ふ。（枕草子・清涼殿の丑寅《うしとら》のすみの）【作者→上（＝帝）】

17　（天人がかぐや姫に）「きたなき所の物**聞こしめし**たれば、御心地悪しからむものぞ」とて、（竹取物語・かぐや姫の昇天）【天人→かぐや姫】

18　やすみししわご大君《おほきみ》の**聞こしめす**天《あめ》の下に国はしも多《さは》にあれども（万葉集・三六）【作者→大君（＝天皇）】

「聞こす」は、「聞く」に尊敬の意を表す「す」がついた「聞かす」が「聞こす」と変化したもので、上代に多く用いられました。中古になると、尊敬の補助動詞「めす」がついた「聞こしめす」が多く用いられるようになります。本来「聞く」の尊敬語ですが、「飲む」「食ふ」「治める」などの尊敬語として、多く天皇・皇后などの動作に用いられます。

14　（帝は）源氏の君を無上のものに**お思いになる**ものの、

15　（八千矛神が）賢い女がいるとお聞きになって、美しい女がいると**お聞きになって**、

16　「……」などと（中宮様が）お話になるのを、帝も**お聞きになり**、おほめになる。

17　（天人がかぐや姫に）「きたない所の物を**召し上がった**ので、気分が悪いことでしょうよ」と言って、

18　わが天皇が**お治めになる**この天下に国はたくさんあるが、

「聞こしめす」という語が、なぜ「聞く」に加えて「食ふ」「飲む」の意味を持つのか不思議に思うかもしれませんが、身分の高いお方に仕える者が食事を召し上がるよう進言することを「お聞き入れになる」ことで、食事を「召し上がる」ことにつながると考えられます。身分社会が生んだ尊敬語の典型ということができます。

【ご覧ず】〈ご覧になる〉

19 （帝は）夜は南殿《なでん》に出御《しゅつぎょ》なって、月の光を**ご覧じ**てぞなぐさませたまひける。（平家物語・小督《こごう》）【作者→帝】

「ご覧ず」は「見る」の尊敬語です。「見たまふ」→「ご覧ず」の順に敬意の度が高くなります。

【しろしめす】〈知っていらっしゃる・お治めになる〉

20 （今井兼平が）「さるものありとは鎌倉殿までも**しろしめさ**れたるらんぞ」と、（平家物語・木曽最期《きそのさいご》）【今井兼平→鎌倉殿】

21 いま、すべらぎの、天の下**しろしめす**こと、よつのとき、ここのかへりになむなりぬる。（古今集・仮名序）【書き手→すべらぎ（＝天皇）】

「しろしめす」は、「四段動詞『知る』の未然形『しら』＋尊敬の助動詞『す』のついた『しらす』の連用形『しらし』＋尊敬の補助動詞『召す』」が一語化した「しらしめす」が変化したもの。「知りたまふ」より尊敬の程度が高くなります。

---

19 （帝は）夜は南殿にお出ましになって、月の光を**ご覧になっ**てお心をお慰めになられた。

20 （今井兼平が）「そういう者がいるとは鎌倉殿（＝源頼朝）までも**お知りになら**れていらっしゃるであろうぞ」と、

21 現在、天皇が、天下を**お治めになる**ことが、四季が、九回繰り返し（＝九年）になった。

【給《たま》ふ（賜ふ）〈四段活用〉】【給《た》ぶ（賜ぶ）】〈お与えになる・くださる〉

22　（大臣《おとど》は）使ひに禄**賜へ**りけり。（伊勢物語・九八）【作者↓大臣】

23　この人々、ある時は竹取を呼び出でて、「娘をわれに**賜べ**」と伏し拝み、（竹取物語・貴公子たちの求婚）【この人々（＝貴公子たち）↓竹取の翁】

「賜ぶ」は「賜ふ」よりくだけた言い方で、主に会話に用いられます。

【奉《たてまつ》る】〈召し上がる・お召しになる・お乗りになる〉

24　一人の天人（かぐや姫に）言ふ、「壺なる御薬**奉れ**」とて、（竹取物語・かぐや姫の昇天）【天人↓かぐや姫】

25　（光源氏は）ことごとしからぬ御車に**奉り**て、（源氏物語・若菜上）【作者↓光源氏】

「奉る」や「参る」は、本来謙譲語（〈差し上げる〉の意）なのですが、高貴な人々が献上された物を受けて、それを食べたり着たりするところから、尊敬語としての用法が生じました。これも身分社会がもたらした尊敬語といえるでしょう。基本語「乗る」は、「乗りたまふ」↓「奉る」↓「奉りたまふ」と、敬意の度が高くなります。

【参る】〈召し上がる〉

26　御心地もまことに苦しければ、（大君《おほいぎみ》は）物もつゆばかり**まゐら**ず。（源氏物語・総角《あげまき》）【作者↓大君】

22　（大臣は）使いにごほうびを**くださっ**た。

23　この人々（＝貴公子たち）は、ここに来ているときは竹取の翁を呼び出して、「娘をわたしに**くださ**い」と伏し拝み、

24　一人の天人が（かぐや姫に）言う、「壺にあるお薬を**お飲みくださ**い」と、

25　（光源氏は）おおげさでない（＝人目につかない）お車に**お乗りに**なって、

26　気分もほんとうに苦しいので、（大君は）食物もすこしも**召し上がら**ない。

「まゐる」は、高貴な人の所へ行く意が原義ですが、後には単に「行く・来」の謙譲語として用いられるようになります。さらにまた「奉る」と同様に、その奉仕を受ける高貴な人を主体とした文脈の中で、尊敬語としての「食ふ・飲む」〈召し上がる〉意の働きも生じました。

【召す】〈召し上がる・お呼びになる・お取り寄せになる〉

27（関白道隆が）「くだもの・さかななど**めさせ**よ、人々酔はせ」などおほせらるる。（枕草子・淑景舎《しげいさ》、東宮にまゐり給ふほどのことなど）【関白道隆→人々（＝殿上人）】

28（光源氏は）惟光《これみつ》**召して**、（若紫のために）御帳《みちやう》・御屏風《びやうぶ》など、あたりあたり、したてさせたまふ。（源氏物語・若紫）【作者→光源氏】

29（八の宮は）琵琶《びは》**召して**、客人《まらうど》にそそのかしたまふ。（源氏物語・橋姫）【作者→八の宮】

「召す」は、上一段動詞「見る」の未然形「み」に尊敬の助動詞「す」がついた「みす」の音韻変化したものです。もともと「見す」の尊敬語として〈ご覧になる〉が原義ですが、次第に「呼ぶ」〈お呼びになる〉、「取り寄す」〈お取り寄せになる〉、「食う・飲む」〈召しあがる〉、「乗る」〈お乗りになる〉などの意味に転意して用いられるようになります。また、「聞こしめす」のように、尊敬語について敬意をさらに強める補助動詞的な用法もあります。

27（関白道隆が）「菓子や酒の肴などを**召し上がら**せよ。人々（＝殿上人）を酔わせよ」などとおっしゃられる。

28（光源氏は）惟光を**お呼びになって**（若紫のために）御帳台や御屏風などを、あそこここと、配置させなさる。

29（八の宮は）琵琶を**お取り寄せになって**、客（の薫《かおる》）に（弾くように）勧めなさる。

練習問題

問一　次の傍線部の敬語の現代語訳として正しいものをア〜エから選び、記号で答えなさい。

1　中納言、くらつまろにのたまはく「燕《つばくらめ》は、いかなる時にか子生まむと知りて人をば上ぐべき」とのたまふ。（竹取物語・燕の子安貝）

ア　言わせる　イ　励ます　ウ　おっしゃる　エ　言う

2　帝聞こしめして、たけとりが家に御使つかはさせたまふ。（竹取物語・かぐや姫の昇天）

ア　お治めになる　イ　お聞きになる　ウ　お住まいになる　エ　お食べになる

3　（翁が天人に）「ここにおはするかぐや姫は、重き病をしたまへば、え出でおはしますまじ」（と言う。）（竹取物語・かぐや姫の昇天）

ア　おっしゃる　イ　なさる　ウ　お出かけになる　エ　いらっしゃる

4　（光源氏は）御装束奉りかへて西の対に渡りたまへり。（源氏物語・葵《あふひ》）

ア　お召しになる　イ　お飲みになる　ウ　お乗りになる　エ　献上なさる

5　（くらつまろが中納言に）「（あなたが）子安貝取らむとおぼしめさば、（私が）たばかり申さむ」（と言う。）（竹取物語・燕の子安貝）

ア　おっしゃる　イ　お怒りになる　ウ　お忘れになる　エ　お思いになる

6　（中納言は）みそかに寮《つかさ》にいまして、……夜を昼になして（子安貝を）取らしめたまふ。（竹取物語・燕の子安貝）

ア　お休みになる　イ　お籠もりになる　ウ　お出かけになる
エ　お目覚めになる

7　（帝が）上達部《かんだちめ》を召して、「いづれの山か天に近き」と問はせ給ふ。（竹取物語・ふじの山）

練習問題

問一　現代語訳は解答・解説編にあります。

問二　1　（翁がかぐや姫に）「私が毎朝毎晩見る竹の中に**いらっしゃっ**たから（あなたを）知りました。

2　（姫君は光源氏と）ごいっしょにお食事を**召し上がる**。

3　昔、水無瀬の離宮にお通いになった惟喬の親王が、いつものように鷹狩りをしに**いらっしゃる**お供に、馬の頭である翁がお仕えした。

ア　お使いになる　イ　お招きになる　ウ　お雇いになる　エ　お叱りになる

問二　次の傍線部の敬語は誰から誰への敬意か、答えなさい。

1 （翁がかぐや姫に）「我朝ごと夕ごとに見る竹の中におはするにて知りぬ」（竹取物語・かぐや姫の生い立ち）［　］→［　］

2 （姫君は光源氏と）もろともに物など参る。（源氏物語・紅葉賀《もみじのが》）［　］→［　］

3 昔、水無瀬《みなせ》に通ひたまひし惟喬《これたか》の親王《みこ》、例の狩しにおはします供に、馬の頭《かみ》なる翁仕うまつれり。（伊勢物語・八三）［　］→［　］

4 （帝は）いとあはれがらせたまひて、物もきこしめさず。（竹取物語・かぐや姫の昇天）［　］→［　］

5 （帝の女《むすめ》が）御簾をしあげて、「あのをのこ、こち寄れ」と召しければ、（更級日記・竹芝寺）［　］→［　］

6 （光源氏が）船より御車に奉り移る程、日やうやうさしあがりて、（源氏物語・明石）［　］→［　］

7 修行者（男に）会ひたり。「かかる道は、いかでかいまする」と言ふを見れば、見し人なりけり。（伊勢物語・九）［　］→［　］

8 六衛府の官人の禄ども、大将給ふ。（源氏物語・若菜上）［　］→［　］

9 （上皇が）大井の土民に仰せて、水車を造らせられけり。（徒然草・五一）［　］→［　］

10 「（綾小路宮《あやのこうじのみや》のお住まいの屋根に）鳥の群れゐて池の蛙《かへる》をとりければ、御覧じ悲しませ給ひてなむ」と、人の語りしこそ、（徒然草・一〇）［　］→［　］

---

4 （帝は）ひどくお悲しみなさって、食べ物を何も**召し上がら**ない。

5 （帝の女が）御簾を押し上げて、「そこの男よ、こちらへ寄ってきなさい」と**お呼びになっ**たので、

6 （光源氏が）船から御車に**お乗り**移り**になる**ころ、日が次第に差し昇ってきて、

7 修行者が（男に）出会った。「こんな道を、どうして**おいでになる**のですか」と言う人を見ると、見知った人であった。

8 六衛府の官人のご祝儀など、大将が**お与えになる**。

9 （上皇が）大井川に沿った土地に住む者に**お命じになっ**て水車を造らせなさった。

10 「（綾小路宮のお住まいの屋根に）鳥が群がってとまっていて池の蛙をとったので、（それを宮が）**御覧になり**かわいそうだとお思いになって（縄をお張りになったのである。）」と、ある人が説明したのには、

3　謙譲の本動詞

謙譲語は、書き手（作者）あるいは話し手が、話題の人物のうち動作を受ける人に対して敬意を表す表現です。謙譲語における現代語訳は〈お…する〉〈お…申し上げる〉が基本となります。現代語に相当する敬語がある場合には、それを用いるようにします。

【承《うけたまわ》る】〈お聞きする・お受けする〉

1　（父の大納言は姫君に）「御琴《こと》の音《ね》をだに**承ら**で、久しくなりはべりにけり。……」とのたまふ。（源氏物語・紅梅）【父大納言→姫君】

2　（母君は命婦に）「（帝の）かしこき仰せ言をたびたび**うけたまはり**ながら、……」とのたまふ。（源氏物語・桐壺《きりつぼ》）【母君→帝】

「承る」は、下二段動詞「受く」の連用形「受け」に謙譲語の四段動詞「たまはる」がついたもの。「聞く」「受く」「承諾する」の謙譲語です。

【聞こゆ】【聞こえさす】〈申し上げる・（手紙などを）差し上げる〉

3　（葵上《あふひのうへ》に乗り移った生霊が）「大将に**聞こゆ**べきことあり」とのたまふ。（源氏物語・葵）【生霊→大将】

4　（光源氏は紫の上に）御文ばかりぞ、繁う**聞こえ**給ふめる。（源氏物語・賢木《さかき》）【作者→紫の上】

5　（大輔《たいふ》の命婦《みやうぶ》が光源氏に）「あやしきことの侍るを、**聞こえさせ**ざらむもひがひ

1　（父の大納言は姫君に）「お琴の音さえ**お聞きし**ないで、久しくなってしまいました。…」とおっしゃる。

2　（母君は命婦に）「（帝の）おそれ多いお言葉を何度も**お受けし**ながら、……」とおっしゃる。

3　（葵上に乗り移った生霊が）「大将（＝光源氏）に**申し上げ**たいことがあります」とおっしゃる。

4　（光源氏は紫の上に）お手紙だけは、しげしげと**差し上げ**なさるようだ。

5　（大輔の命婦が光源氏に）「めずらしいことがございますが、**申し上げ**ないでおくのもひねくれているようで、思い悩みまして」と、

がしう、思ひたまへわづらひて」と、（源氏物語・末摘花）【大輔の命婦→光源氏】

「聞こえさす」は、「『聞こゆ』＋尊敬の助動詞『さす』」の複合語です。「聞こゆ」よりも敬意の度合いが高くなります。もともと使役の助動詞である「さす」をつけることによって、「人を間に介して申し上げる」という、対象からより離れた言い方にすることによって敬意を高めているのです。「聞こゆ」「聞こえさす」は中古に多く用いられましたが、すぐに消滅しています。なお、「聞こゆ」「聞こえさす」と同じ形でも、本来の使役の意味が残って、「誰かに申し上げさせる」という意味の場合と、「申し上げるのを途中でやめる」という意味の場合がありますので注意します。（56ページ参照）

【奏《そう》す】【啓《けい》す】〈申し上げる〉

6　参りて、ありつるやうを**奏し**ければ、帝もうち笑はせ給ひて、（大鏡・師輔《もろすけ》）【語り手→帝】

7　まいて、五つ六つなどは、ただおぼえぬよしをぞ**啓す**べけれど、（枕草子・清涼殿の丑寅《うしとら》のすみの）【作者（＝清少納言）→中宮】

「奏す」は天皇または上皇・法王に「申し上げる」「奏上する」ことですが、「申す」や「聞こえさす」なども用いられます。「啓す」は、皇后・中宮・皇太后・皇太子などに言上するときに用いられます。このように使用対象が限られている敬語を絶対敬語といいます。

なお、例文6の出典「大鏡」は、大宅世継《おおやけのよつぎ》、夏山繁樹《なつやまのしげき》という二人の老翁に若侍を交

6　参上して、事の次第を**奏上した**ところ、帝もお笑いになられて、

7　（十首でも思い出したうちには入るまい。）まして、五首六首などというのは、まったく覚えていない旨を（中宮様に）**申し上げる**べきだけれど、

えた三人の問答形式で物語が進展します。そのため本書では、地の文であっても敬意の主体を「作者」ではなく「語り手」と表記しています。

【存ず】〈存じ上げる〉

8　（平忠度《ただのり》が藤原俊成卿に）「生涯の面目に、一首なりとも御恩をかうぶらうと**存じ**て候ひしに……」とて、（平家物語・忠度都落）【平忠度→藤原俊成卿】

【奉る《たてまつ》】【参らす《まゐ》】〈差し上げる・献上する〉

9　（尼は）簾すこしあげて、（仏に）花**奉る**めり。（源氏物語・若紫）【作者→仏】

10　（中納言隆家が中宮定子に）「隆家こそいみじき骨は得てはべれ。それをはらせて**参らせ**むとするに、おぼろけの紙はえ張るまじければ、求めはべるなり」と申し給ふ。（枕草子・中納言参りたまひて）【中納言隆家→中宮】

「奉る」は上代から用いられていますが、中古以降は、次第に「参らす」に取って代わられます。「参らす」は「行く」の謙譲語「参る」をもとにして、〈持って伺わせる〉意から〈差し上げる〉意が生じたものです。「参る」よりも謙譲の気持ちが強くなります。

また、同じ「参らす」の形でも、次の例文11のように「す」が使役の助動詞の場合もありますので注意が必要です。その場合は「参る」と「す」の二語に分けて〈参上させる・（何かを）して差し上げさせる〉と訳すようにします。（60ページ参照）

11　（帝が）急ぎ**まゐらせ**て御覧ずるに、珍らかなる児《ちご》の御かたちなり。（源氏物語・桐壺）【作者→児】

8　（平忠度が藤原俊成卿に）「生涯の名誉に、一首だけでもご恩をいただこう（＝勅撰《ちょくせん》集に採っていただこう）と**存じ**ておりましたのに……」と言って、

9　（尼は部屋の）簾を少し巻き上げて、（仏に）花を**差し上げる**ようだ。

10　（中納言隆家が中宮定子に）「私、隆家は素晴らしい骨を手に入れました。その骨に紙を張らせて（中宮様に）**差し上げよう**と思うのですが、ありきたりな紙を張ることはできませんので、（それ相応の紙を）探しているところです」と申し上げなさる。

11　（帝が）急いで**参内させ**て御覧になると、（この世に）めったにない赤児（＝若宮）のご容貌である。

【給ふ〈下二段〉】【給《たまは》る】〈いただく・ちょうだいする〉

12　鈴が音《ね》の早馬《はゆま》駅家《うまや》の堤井《つつみゐ》の水を**たまへ**な妹《いも》が直手《ただて》よ　（万葉集・三四三九）【作者↓妹】

13　（竹取の翁は帝のお使いに）「この十五日は、人々**たまはり**て、月の都の人まうで来ば捕らへさせむ。……」と申す。　（竹取物語・かぐや姫の昇天）【竹取の翁↓帝】

> 「給ふ」「給はる」は、「受く」または「飲む」「食ふ」の謙譲語です。謙譲の「給ふ」は本動詞での用例は少なく、多くは補助動詞になります。（30ページ参照）

【仕うまつる】【参る】〈お仕え申し上げる〉

14　昔、二条の后に**仕うまつる**男ありけり。　（伊勢物語・九五）【作者↓二条の后】

15　（私＝清少納言が）宮にはじめて**まゐり**たるころ、もののはづかしきことの数知らず、　（枕草子・宮にはじめてまゐりたるころ）【作者（＝清少納言）↓中宮】

【侍《はべ》り】【候《さぶら》ふ】〈お仕え申し上げる・お側に控える〉

16　（蔵人《くらうど》が）御前の方に向かひて、うしろざまに「たれたれか**侍る**」と問ふこそをかしけれ。　（枕草子・殿上の名対面《なだいめん》こそ）【蔵人↓帝】

17　いづれの御時にか、女御・更衣あまた**候ひ**給ひける中に、　（源氏物語・桐壺）【作者↓帝】

12　馬を置く駅舎の井戸の水を**いただき**たいなあ。じかにあなたの手で。

13　（竹取の翁は帝のお使いに）「この十五日は、大勢の人々を**おつかわしいただい**て月の都の人がやって来たらつかまえさせよう。……」と申し上げる。

14　昔、二条の后に**お仕え申し上げる**男がいた。

15　（私＝清少納言が）中宮の御殿にはじめて**出仕し**たころ、なにかと恥ずかしいことがたくさんあって、

16　（蔵人）が帝の御前に向かって、（滝口の武士には）後ろ向きに「だれだれは**お控え申し上げ**ているか」と問う様子が面白い。

17　どの帝の御世であったろうか、女御や更衣が大勢**お仕え申し上げ**なさっていた中に、

【罷《まか》る】【罷づ】〈退出する〉

18　憶良《おくら》らは今は**まからむ**子泣くらむそれその母も吾《わ》を待つらむそ　（万葉集・三三七）【作者（＝憶良）→宴席の主】

19　（光源氏は）五六日《いつかむゆか》さぶらひ給ひて、大殿《おおひとの》に二三日《ふつかみか》など、絶え絶えに**まかで**たまへど、　（源氏物語・桐壺）【作者→帝】

「まかる」「まかづ」は身分の高い人、目上の人のところから「退く」意の謙譲語です。宮中から自宅へ帰ることや都から地方へでかけるのも「まかる」です。また、死の世界へ行くことも「まかる」ですが、この場合は「身」をつけ加えて「みまかる」ともいいます。

身分の高い人、目上の人のところへ「行く」意の謙譲語が「まゐる」「まうづ」です。

まゐる（まうづ）→身分の高い人、目上の人のもとへ伺う。

まかる（まかづ）→身分の高い人、目上の人のもとから離れる。

【参る】〈参上する・参詣する・差し上げる〉

20　（男が）二条の后に忍びて**参り**けるを、世の聞こえありければ、　（伊勢物語・五）【作者→二条の后】

21　（石清水八幡宮に参詣した法師が言ったことには）「そも、**まゐり**たる人ごとに山に登りしは、何事かありけん」　（徒然草・五二）【法師→八幡神】

動詞の「参る」は「参上する」が基本ですが、貴人のもとに「参上し」て御用を「し

18　私憶良は、今はもう**退出いたし**ましょう。家では子どもが泣いているでしょうし、その子の母も私を待っているでしょうから。

19　（光源氏は）五六日宮中にいらっしゃって、左大臣家には二三日というように、絶え絶えに**退出し**（＝おいで）なさるけれど、

20　（男が）二条の后のもとに忍んで**参上し**たのを、世間のうわさがあったので、

21　（石清水八幡宮に参詣した法師が言ったことには）「それにしても、**参詣に来**た人々がみな山に登ったのは、何事があったのだろうか」

て差し上げる」動作も表現します。その結果、「御格子《みかうし》まゐる〈御格子をお上げ（お下ろし）申し上げる〉」「大御酒《おほみき》まゐる〈御酒をおすすめする〉」「御髪《みぐし》まゐる〈御髪をとかして差し上げる〉」などの慣用表現が生まれることになります。

【申《まう》す】〈申し上げる・言上する〉

22（中納言が家来に命じて）燕《つばくらめ》の巣に手をさし入れて探るに「物もなし」と**申す**に、（竹取物語・燕の子安貝）【作者→中納言】

「言ふ」の謙譲語としては一般に「聞こゆ」が用いられていました。「申す」にはあらたまった男性的なニュアンスがあるようです。

4　丁寧の本動詞

丁寧語における現代語訳は〈あります〉〈おります〉が基本となります。

【侍《はべ》り】〈あります・おります・ございます〉

1（北山の僧都が光源氏に）「女《むすめ》ただ一人**侍りし**。亡せて、この十余年にやなりはべりぬらむ。……」など申したまふ。（源氏物語・若紫）【北山の僧都→光源氏（聞き手）】

2大きなるつじ風起こりて、六条わたりまで吹けること**侍りき**。（方丈記・二）【作者→読み手】

3（帝への更衣の母からの手紙には）「いとも、かしこきは、身のおきどころも**侍らず**。……」などやうに、（源氏物語・桐壺）【更衣の母→帝（読み手）】

22（中納言が家来に命じて）燕の巣に手を入れさせて探るが、「何もない」と**申し上げる**ので、

1（北山の僧都が光源氏に）「娘がただ一人**ございました**。亡くなって、ここ十何年なるでしょうか。……」などと申し上げる。

2大きなつむじ風が起こって、六条あたりまで吹いたことが**ございました**。

3（帝への更衣の母からの手紙には）「まことに、恐れ多くて身のおきどころも**ございませ**ぬ。……」などといったように、

【候《さぶら》ふ】〈あります・おります・ございます〉

4　翁、皇子《みこ》に申すやう「いかなる所にかこの木は**候ひ**けむ。あやしくうるはしくめでたき物にも」と申す。（竹取物語・蓬莱《ほうらい》の玉の枝）【竹取の翁→皇子（聞き手）】

5　（斎藤別当実盛《さねもり》が平宗盛に）「故郷へは錦を着て帰れといふことの**候ふ**。……」と申しければ、（平家物語・実盛最期）【斎藤別当実盛→平宗盛（聞き手）】

6　「波のしたにも、都の**さぶらふ**ぞ」と（二位の尼が安徳帝を）慰め奉って、（平家物語・先帝《せんてい》身投《みなげ》）【二位の尼→安徳帝（聞き手）】

「侍り」「候ふ」は「あり」「居《を》り」の丁寧語です。中古までは「侍り」が会話や手紙の文で多用されていましたが、中古の末期から中世にかけては「さぶらふ」が代わって使われるようになります。さらに、「さぶらふ」は「さうらふ」へと変化していきます。「平家物語」など中世の軍記物語では、男性語として「さうらふ」が、女性語として「さぶらふ」が使い分けられています。この「侍り」と「候ふ」は謙譲語としても用いられます。

4　翁が、皇子に申し上げるのに「どのような所にこの木は**ございまし**たのでしょうか。不思議なくらい立派ですばらしいものでございますね」と申し上げる。

5　（斎藤別当実盛が平宗盛に）「故郷へは錦を着て帰れということが**ございます**。……」と申したので、

6　「波の下にも、都が**ございます**よ」と（二位の尼が安徳帝を）お慰め申し上げなさって、

練習問題

問一　次の傍線部の敬語の現代語訳として正しいものをア～エから選び、記号で答えなさい。

1（私＝清少納言が）里にまかでたるに、殿上人などの来《く》るをも、やすからずぞ人々言ひなすなる。（枕草子・里にまかでたるに）

ア　差し上げる　イ　参上する　ウ　退屈する　エ　退出する

2（翁が貴公子たちに）「かくなむ（申しはべる）。（姫の）聞こゆるやうに見せ給へ」（竹取物語・貴公子たちの求婚）

ア　お聞きする　イ　お控えする　ウ　申し上げる　エ　差し上げる

3（惟喬《これたか》の親王《みこ》は）つれづれといともの悲しくておはしましければ、（うまの頭《かみ》の翁は）やや久しくさぶらひて、いにしへのことなど思ひ出で聞こえけり。（伊勢物語・八三）

ア　お仕えする　イ　お聞きする　ウ　お休みする　エ　参詣する

4（竹取の翁がかぐや姫に）「翁（＝私）の申さむことは（あなた＝かぐや姫は）聞きたまひてむや」（と言う。）（竹取物語・貴公子たちの求婚）

ア　差し上げる　イ　申し上げる　ウ　お聞きする　エ　お受けする

5　人々（が亡くなった女御の法要に）ささげ物奉りけり。奉り集めたる物、千《ち》ささげばかりあり。（伊勢物語・七七）

ア　お届けする　イ　お受けする　ウ　お聞きする　エ　差し上げる

6　子は京に宮仕へしければ、（母のところに）まうづとしけれどしばしばえまうでず。（伊勢物語・八四）

練習問題

問一　現代語訳は解答・解説編にあります。

問二　1（頭の中将は）かぐや姫を戦い止めることができなかったことを（帝に）細やかに**申し上げる**。

2（帝が）お手紙をお書きなさると、（六位の蔵人が）御硯の墨をすり、うちわなどで**おあおぎ申し上げ**、

3（かぐや姫は）「（私は）変化の者で**ございました**そうですが、そういう身とも知らず、親とばかり思い申し上げております」と（翁に）言う。

4　帝（＝一条天皇）の**おそばにい**

ア　参上する　　イ　お聞きする　　ウ　退出する　　エ　お届けする

問二　次の傍線部の敬語は誰から誰への敬意か、答えなさい。

1 （頭の中将は）かぐや姫をえ戦ひ止めずなりぬること、（帝に）こまごまと奏す。（竹取物語・ふじの山）［　　］→［　　］

2 （帝が）御文書かせ給へば、（六位の蔵人が）御硯の墨すり、御うちはなど参り、（枕草子・めでたきもの）［　　］→［　　］

3 かぐや姫（が翁に）「……変化《へんげ》のものにて侍りけむ身とも知らず、親とこそ思ひ奉れ」と言ふ。（竹取物語・貴公子たちの求婚）［　　］→［　　］

4 うへにさぶらふ御猫は、……いみじうをかしければかしづかせ給ふが、（枕草子・うへにさぶらふ御猫は）［　　］→［　　］

5 （男が）童《わらは》より仕うまつりける君、御髪《みぐし》おろし給うてけり。（伊勢物語・八五）［　　］→［　　］

6 （光源氏は帝に）「古代の御絵どものはべる、参らせむ」と奏し給ひて、（源氏物語・絵合）［　　］→［　　］

7 武蔵なる男、京なる女のもとに、「聞こゆれば恥ずかし、聞こえねば苦し」と書きて、（伊勢物語・一三）［　　］→［　　］

8 （二人の老翁から話を聞いていた若侍が）「いといと興あることをも承るかな。……」と言へば、（大鏡・道長）［　　］→［　　］

9 （平忠度が俊成卿に）「ここにさうらふ巻物のうちに、さりぬべきものさうらはば、一首なりとも御恩を蒙りて……」（平家物語・忠度都落《ただのりのみやこおち》）［　　］→［　　］

10 （道真《みちざね》が帝から）御衣《おんぞ》たまはり給へりしを、（大鏡・時平）［　　］→［　　］

る御猫は、……たいそう愛らしいので、帝も大事にしておられる。その猫が、

5 （男が）子どものときから**お仕え申し上げ**ていたお方が、髪を剃《そ》って出家してしまわれた。

6 （光源氏は帝に）「古風な御絵が手許にございますが、それを**差し上げ**ましょう」と奏上しなさって、

7 武蔵の国にいる男が、京に住む女のもとに「（東国で別の女と通じてしまい、ありのままに）**申し上げる**と（自分の浮気心が）恥ずかしく、申し上げないと（あなたと隔てがあるようで）心苦しい」と手紙を書いて、

8 （二人の老翁から話を聞いていた若侍が）「たいそう面白いことを**うかがう**ものです。……」と言うと、

9 （平忠度が俊成卿に）「ここに**ございます**巻物の中に、ふさわしいものがございましたなら、一首だけでも御恩を受けて……」

10 （道真が帝から）お召し物を**いただき**なさったのを、

5　本動詞と補助動詞はどう違う？

敬語には同じ形でありながら「本動詞」と「補助動詞」という別々の働きをもつものがあります。敬語法の中で、この本動詞・補助動詞の区別がわかりづらいという方が少なくありませんが、補助動詞の用法は現代語にもあります。例えば、

①鉛筆を**ください**。（本動詞）

②鉛筆を取って**ください**。（補助動詞）

①と②、どちらも「ください」ですが、①は「本動詞」、②は「補助動詞」になります。本動詞での「ください」という言葉は、「くださる」の命令形で「いただきたい」という意味になります。一方補助動詞になると、その本来の意味が薄れて、「鉛筆を取ってね」という程度の、丁寧の意味を添えるだけになっています。

(1)　尊敬の補助動詞

古典語における敬語の本動詞と補助動詞も同じで、例えば、「たまふ」という尊敬語の場合を見てみましょう。

1　（惟喬《これたか》の親王《みこ》が供の翁に）大御酒《おほみき》**たまひ**、禄**たまは**むとて、（伊勢物語・八三）

【（どちらも）作者→惟喬の親王】

2　（かぐや姫は）人目もいまはつつみ**たまは**ず、泣き**たまふ**。（竹取物語・かぐや姫の昇天）

【（どちらも）作者→かぐや姫】

例文1の「たまふ」はもともと「与ふ」という動詞の尊敬語にあたり、〈お与えになる・くださる〉という意味になります。ところが例文2の「たまふ」は、いずれも尊敬の意味

1　（惟喬の親王が供の翁に）お酒を**くださり**、褒美《ほうび》を**くだされ**ようといって、

2　（かぐや姫は）人が見ている前でも今はもう**お**隠し**になら**ずに、**お**泣き**になる**。

は保持しながら、〈お……になる〉という意味になり、「たまふ」という動詞の本来的な「与ふ」という意味は失われています。

　動詞の本来的な意味を持つものを「本動詞」といい、動詞としての本来的な意味を失っているものを「補助動詞」といいます。補助動詞は「つつみたまふ」「泣きたまふ」などのように他の動詞などの後につき、〈お……になる・……なさる・…ていらっしゃる〉という敬語の意味を添えます。動詞なのに助動詞のような働きを持つようになるのです。例文1のような「たまふ」のことを「尊敬の本動詞」、例文2のような「たまふ」のことを「尊敬の補助動詞」といいます。

　尊敬の補助動詞には「たまふ〈四段活用〉」のほかに「おはす」「おはします」「まします」「います（在す）」などがあります。

【たまふ〈四段活用〉】〈お…になる・…なさる〉

3　（菅原の大臣《おとど》が）なきことにより、かく罪せられ**たまふ**を、（大鏡・時平）【語り手→菅原の大臣】

【おはす】【おはします】〈…ていらっしゃる・…ておいでになる〉

4　小松大臣殿《こまつのおほいどの》こそ、心も剛《かう》に、はかりこともすぐれて**おはせ**しか、（平家物語・福原院宣《ふくはらいんぜん》）【作者→小松大臣殿】

5　四条の大納言のかく何事もすぐれ、めでたく**おはします**を、（大鏡・道長）【語り手→四条の大納言】

3　（菅原の大臣が）無実の罪のために、このように罰せられ**なさる**のを、

4　小松の大臣殿（＝平重盛《しげもり》）は、心も剛毅で、智略もぬきんでてい**らっしゃる**のに、

5　四条大納言（＝藤原公任《きんとう》）が、このように何事にもすぐれて、優秀で**いらっしゃる**のを、

【まします】〈…ていらっしゃる・…ておいでになる〉

6（女院は）御涙にむせばせたまひ、あきれて立たせ**ましまし**たる所に、（平家物語・大原御幸）【作者→女院】

【います（在す）】〈…ていらっしゃる・…ておいでになる〉

7 直《ただ》向《む》かひ見む時までは松柏《まつかしは》の栄え**いまさ**ね尊き吾《あ》が君（万葉集・四一六九）【作者→吾が君】

(2) 謙譲の補助動詞

次に「奉る」という動詞を見てみましょう。これも、もともと、「与ふ」という動詞に謙譲の意味が添えられて〈お与え申し上げる〉という意味になったのが「奉る」です。

8（かぐや姫が）朝廷《おほやけ》に御文**奉り**たまふ。（竹取物語・かぐや姫の昇天）【作者→朝廷（＝帝）】

9（光源氏が）妻戸押しあけて出でたまふを（乳母たちは）見**たてまつり**送る。（源氏物語・若菜上）【作者→光源氏】

例文8の文では、かぐや姫が帝に「御文」を「与え」ています。この「与ふ」というのが「奉る」という動詞のもつ本来の意味です。しかし、例文9の文になると、「たてまつる」という語は「与ふ」という本来の意味はなくなって、〈お…申し上げる・お…する〉という謙譲の意味を添えるだけになります。

このような例文8の場合の「奉る」のことを「謙譲の本動詞」といい、例文9の「たて

6（女院は）御涙にむせびなされ、途方に暮れてお立ちになって**いらっしゃる**ところに、

7 面と向かって会う時までは、どうか松や柏のように栄えて**いらっしゃって**ほしい。尊いお方さまよ。

8（かぐや姫が）帝にお手紙を**差しあげ**なさる。

9（光源氏が）妻戸を押し開けてお出になるのを（乳母たちは）**お**見送り**申し上げる**。

まつる」を「謙譲の補助動詞」といいます。

謙譲の補助動詞には「たてまつる」のほか、「たまふ〈下二段活用〉」「つかうまつる」「まゐらす」「まうす」「きこゆ」「きこえさす」があります。

【たてまつる】〈お…申し上げる〉

10　翁、かぐや姫に言ふやう、「我が子の仏、……ここら大きさまで養ひ**たてまつる**こころざしおろかならず」（竹取物語・貴公子たちの求婚）【竹取の翁→かぐや姫】

【たまふ〈下二段活用〉】〈…させていただく〉

11　（式部丞《しきぶのぞう》は）「（学問の）主人《あるじ》の女《むすめ》ども多かりと聞き**たまへ**て、はかなきついでに、いひ寄りてはべりしを、……」と、）（源氏物語・帚木）【式部丞→主人】

12　（母君が命婦に）「（私が若宮のことを）うちうちに思ひ**たまふる**さまを奏し給へ」（と言う。）（源氏物語・桐壺）【母君→若宮】

【まゐらす】〈お…申し上げる・お…する・…してさし上げる〉

13　（主上を御覧になる女院のお心を）かくだに思ひ**まゐらする**もかしこしや。（枕草子・八幡の行幸のかへらせ給ふに）【作者→女院】

【まうす】〈お…申し上げる・お…する〉

14　（大宅《おほやけの》世《よ》継《つぎ》が二人の老人に）「あはれにうれしくもあひ**まうし**たるかな」（大鏡・序）【大宅世継→二人の老人】

10　竹取の翁がかぐや姫に言うには、「私の大切な人よ、……こんな大きさになるまで養い**申し上げ**ている私の気持ちは並大抵ではありません。

11　（式部丞は）「（学問の）主人の（博士には）娘たちが大勢いると聞か**せていただき**まして（＝拝聴して）、ちょっとした機会に女に言いよって語らいましたのを、……」と、

12　（母君が命婦に）「（私が若宮について）内々に思って**おります**ことをご奏上くださいませ」（と言う。）

13　（主上を御覧になる女院のお心を）このように拝察**申し上げる**だけでもおそれ多いことだ。

14　「（大宅世継が二人の老人に）しみじみと嬉しいことにも（このように）**お目にかかった**ことだよ」

15（私が）身を捨てて額をつき、（仏に）祈り**まうす**ほどに、（更級日記・門出）【作者（＝私）↓仏】

【きこゆ】〈お…申し上げる・お…する〉

16（竹取の翁がかぐや姫に）「竹の中より（あなたを）見つけ**きこえ**たりしかど、」（竹取物語・かぐや姫の昇天）【竹取の翁↓かぐや姫】

【きこえさす】〈お…申し上げる〉

17（帝は若宮を）いみじく美しと思ひ**きこえさせ**給へり。（源氏物語・紅葉賀）【作者↓若宮】

(3)　丁寧の補助動詞

もう一つ、「はべり」という動詞の例も見てみましょう。これは、もともと「あり・居《を》り」という意味の動詞に「丁寧」の意味が添えられて、〈あります・おります・…ます・…でございます〉という意味になったのが「はべり」です。

18（北山の僧都は尼に）「ここに**はべり**ながら、（光源氏の）御とぶらひにもまうでざりけるに」と、（源氏物語・若紫）【北山の僧都↓尼】

19（御隋人《みずいじん》が光源氏に）「かの、白く咲けるをなむ夕顔と申し**はべる**」と申す。（源氏物語・夕顔）【御隋人↓光源氏】

例文18の「はべり」には、「はべり」という動詞のもつ〈ある・存在する〉という本来的な意味があります。ところが、例文19の「はべり」には〈ある・存在する〉という動詞

15（私が）身を投げ出して額をつき、（仏に）一心に**お祈り申し上げ**ているうちに、

16（竹取の翁がかぐや姫に）「竹の中から（あなたを）**お見つけ申し上げ**たけれども、」

17（帝は若宮を）たいへんかわいいと**お思い申し上げて**おいでである。

18（北山の僧都は尼に）「ここに**おります**のに、（光源氏様の）お見舞い（＝お迎え）にも参上しなかったのに」と、

19（近衛《このえ》の隋人が光源氏に）「あの、白く咲いている花を夕顔と申し**ます**」と申し上げる。

の本来的な意味は薄れ、「申す」という言葉に〈…（で）ございます〉という丁寧の意味を添えているだけです。

例文18の「はべり」のことを「丁寧の本動詞」といい、例文19の「はべり」を「丁寧の補助動詞」といいます。丁寧の補助動詞には「はべり」のほか、「さぶらふ（さうらふ）」があります。

【さぶらふ（さうらふ）】〈…ます・…（で）ございます〉

20　三《さん》位《み》殿《どの》に申すべきことあって、忠度《ただのり》帰り参って**さうらふ**。（平家物語・忠度都落）

【忠度→三位殿】

☆　☆　☆

尊敬・謙譲・丁寧の補助動詞を見てきましたが、補助動詞は文字通り動詞を補助するもので、補助動詞単独で用いられることはありません。多くの場合、「**動詞の連用形＋補助動詞**」の形で出てきますから、上に動詞があるかどうかで見分けることが可能です。ただし、「形容詞・形容動詞の連用形＋補助動詞」「体言＋に・にて＋補助動詞」の形や、補助動詞との間に係助詞・副助詞が入ることもあります。

現代語訳の際には、補助動詞の上の動詞を尊敬や謙譲の言い方に変えたり、丁寧の意〈…です・…ます・…ございます〉を添えたりして現代語訳するようにします。

補助動詞は敬語に関連するものばかりではありませんが、敬語と関連する補助動詞が数も多く、古文学習において敬意に関する補助動詞は解釈の上でたいへん重要です。代表的なものはしっかり押さえておきましょう。

20　三位殿（＝藤原俊成）に申し上げたいことがあって、忠度が帰って参って**おります**。

(4)　**補助動詞「たまふ」の用法に注意**

補助動詞「たまふ」には、尊敬語（四段活用）と謙譲語（下二段活用）の二種類があります。この違いを理解しないと正しい現代語訳ができません。一般に尊敬語の場合は〈お…になる・…なさる〉、謙譲語の場合は〈お…申し上げる・…させていただく〉と訳します。

二つの「たまふ」の活用は次のようになります。

語	語幹	未然形	連用形	終止形	連体形	已然形	命令形	活用	意味
たまふ	たま	は	ひ	ふ	ふ	へ	へ	四段	尊敬
	たま	へ	へ	○	ふる	ふれ	○	下二段	謙譲

この活用表から、「たまふ」の活用語尾が「は・ひ・ふ」ならば四段活用の尊敬語、「ふる・ふれ」ならば下二段活用の謙譲語とわかります。

問題は活用語尾が四段と下二段に共通の「へ」の場合です。この場合は活用形で見分けることになります。すなわち、「たまへ」が「未然形・連用形」ならば謙譲語、「已然形・命令形」ならば尊敬語です。

注意しておきたいのは、謙譲の補助動詞「たまふ」の次の点です。

- **会話文・手紙文だけに使われること。**
- **主語が「話し手・書き手」（＝わたくし）であること。**
- **「見る・聞く・思ふ・知る・覚ゆ」という限られた知覚動詞にだけ接続すること。**

つまりは会話文・手紙文における補助動詞の「たまへ」に上接する語を確認し、次に、活用の形が四段なのか下二段なのかを見分ければ、尊敬か謙譲かがわかることになります。

21（私＝清少納言が）大夫殿のゐさせ**たまへ**るを、返す返す聞こゆれば、

21　（私が）大夫殿（＝藤原道長）が**お**座りに**なら**れたことを、繰り返し申し上げると、

22　（更衣の母が帝のお使いに）「長生きすることはたいそう辛いものと思い知られ**ます**上に、長寿の松が私のことをどう思うかということだけで、気のひける思いが**致しま**すから、……」

（枕草子・関白殿、黒戸より）【作者（＝清少納言）→大夫殿】

22　（更衣の母が帝のお使いに）「命長さの、いとつらう思ひ**たまへ**知らるるに、松の思はむことだに、恥づかしう思ひ**たまへ**はべれば、……」

（源氏物語・桐壺）

【（どちらも）更衣の母→帝】

例文21は、清少納言が中宮定子に、大夫殿（＝藤原道長）が道隆の前にひざまずくという行動を通して、中宮の父君である関白道隆のすばらしさを繰り返し述べる場面です。ここは「地の文」ですし、下に続く「る」は、四段活用の場合は已然形接続の完了の助動詞「り」の連体形である（「サ未四已」を思い出しましょう）ことから、ここの「たまへ」は四段活用の已然形、すなわち尊敬の補助動詞とわかります。「地の文」というのは、会話や手紙ではない部分のことです。

一方例文22は、桐壺の更衣の死後、更衣の母が帝のお使いにグチを語る場面です。会話文であること、「たまへ」がいずれも「思ひ」という知覚動詞についていること、さらに下に続く語がそれぞれ動詞・補助動詞であることから「たまへ」はいずれも連用形、すなわち下二段活用の謙譲の補助動詞とわかります。

☝ポイント【たまふ】

たまふ①尊敬　→「与ふ」の尊敬語〈お与えになる〉（は・ひ・ふ・ふ・へ・へ）

たまふ②尊敬　→尊敬の補助動詞〈お…になる・なさる〉（は・ひ・ふ・ふ・へ・へ）

たまふ③謙譲　→謙譲の補助動詞〈…させていただく〉（へ・へ・○・ふる・ふれ・○）

＊会話文・手紙文の補助動詞「たまふ」→下二段活用＝謙譲
→四段活用＝尊敬

練習問題

問一　1　持仏をお据え**申し上げ**て、お勤めをしている人は、尼であった。

2　（ある法師が朋輩《ほうばい》に）「数年来考え続けてきたことを（ようやく）なし遂げ**ました**」（と言う。）

3　（僧都が尼の部屋に来て）「今日に限ってまあ、端近なところに**おいでなされ**たものであるよ」とおっしゃると、

4　（葵上の供人が）「（六条御息所は）大将殿（＝光源氏）をよりどころとして**お頼み申し上げ**ているのだろう」などと言う。

5　ある法師が朋輩に）「（石清水八幡宮は、かねて噂に）聞いていた以上に尊く**いらっしゃっ**た。……」（と言う。）

問二　1　（藤原俊成が俊恵に）「これを私としては、代表的な和歌と思っ**ております**」とおっしゃ

練　習　問　題

問一　次の傍線部の敬語の説明として適切なものは、次のア・イのいずれか。記号で答えなさい。

ア　本動詞　　イ　補助動詞

1　持仏据《す》ゑたてまつりて行ふ、尼なりけり。（源氏物語・若紫）

2　（ある法師が朋輩《ほうばい》に）「年ごろ思ひつること、果たしはべりぬ。……」（と言う。）（徒然草・五二）

3　（僧都が尼の部屋に来て）「今日しも端におはしましけるかな」とのたまへば、（源氏物語・若紫）

4　（葵上《あふひのうへ》の供人が）「（六条御息所は）大将殿（＝光源氏）をぞ高家《かうけ》には思ひ聞こゆらむ」などいふ。（源氏物語・葵）

5　（ある法師が朋輩に）「（石清水八幡宮は）聞きしにも過ぎて、尊《たふと》くこそおはしけれ。……」（と言う。）（徒然草・五二）

問二　次の傍線部の「たまふ」の説明として適切なものは、次のア〜ウのいずれか。記号で答えなさい。

ア　尊敬の本動詞　　イ　尊敬の補助動詞　　ウ　謙譲の補助動詞

1　（藤原俊成が俊恵に）「これをなん、身にとりてはおもて歌と思ひたまふる」と言はれしを、（無名抄・おもて歌）

2　「稲荷よりたまふしるしの杉よ」とて、投げいでられしを、（更級日記・夫の死）

3　右の大臣《おとど》の御勢ひは、物にもあらず（左大臣に）おされたまへり。（源氏物語・桐壺）

4　（大納言は）家に少し残りたりけむものどもは、龍の玉を取らぬ者どもに賜びつ。

ったので、

2　「稲荷から**くださる**しるしの杉だ」といって一枝の杉を投げ出され（た夢を見）たが、

3　右大臣のご威勢は、問題にもならず（左大臣に）圧倒**されていらっしゃる**。

4　（大納言は）屋敷に少しばかり残っていた金品を、龍の首の玉を取ってこなかった家来たちに**与え**てしまった。

5　（帝は）たいそう、こまごまと、（桐壺の更衣の里の）様子を**お尋**ねに**なられる**。

6　（母君が命婦に）「（帝から）おそれ多いお言葉を何度もお受けしていながら、私自身は（参内を）決心する気になれそうに**ございません**」などとおっしゃる。

7　（醍醐天皇は、凡河内躬恒の歌に）たいへん感心なさって、大袿を**くださ**り、

問三　1　第一皇子は、右大臣の娘の女御がお産みになった方で、後ろ盾がしっかりしていて、疑う余地もない世継ぎの君であると、世

（竹取物語・龍の頸の玉）

5（帝は）いと、こまやかに、（桐壺の更衣の里の）ありさまを問はせたまふ。（源氏物語・桐壺）

6（母君が命婦に）「（帝から）かしこき仰せ言をたびたび承りながら、みづからは（参内を）えなん思ひたまへ立つまじき」などのたまふ。（源氏物語・桐壺）

7（醍醐《だいご》天皇は、凡河内《おほしかふちの》躬《み》恒《つね》の歌に）いみじう感ぜさせ給ひて、大袿《うちぎ》賜ひて、（大鏡・昔物語）

問三　次の文における敬語の補助動詞を指摘し、その種類を答えなさい。

1　一の皇子《みこ》は、右大臣《みぎのおとど》の女御の御腹にて、寄せ重く、疑ひなきまうけの君と、世にもてかしづききこゆれど、（源氏物語・桐壺）

2（老翁が語るには）不比等の大臣《おとど》の御女《おんむすめ》二人ながら后にましますめれど、（大鏡・道長）

3（関白道隆が、中宮に伺候する女房たちに）「（私を）をこなりと見てかく笑ひいまするがはずかし」など……。（枕草子・関白殿二月二十日に）

4（竹取の翁はくらもちの皇子の持ってきた蓬莱《ほうらい》の玉の枝を見て、かぐや姫に）「この度はいかでか辞《いな》びまうさむ」など……。（竹取物語・蓬莱の玉の枝）

5（中宮を）かかる人こそは世におはしましけれと、おどろかるるまでぞまもりまゐらする。（枕草子・宮にはじめてまゐりたるころ）

6（中宮に、先刻）ありつることのさま、語りきこえさすれば、（枕草子・かへる年の二月二十日よ日）

7（手塚太郎光盛が、戦いで首を取った次第を木曽義仲に）「……『名乗れ、名乗れ』と責めさうらひつれども、遂に名乗りさうらはず」と申せば、（平家物語・実盛）

間の人々も大切に**お思い申し上げている**けれど、

2　（老翁が語るには、）不比等公の御娘は、二人とも后で**いらっしゃる**ようだが、

3　（関白道隆が、中宮に伺候する女房たちに）「（私を）ばかだと思ってそんなふうに笑っ**ておいでなの**がはずかしい」など……。

4　（竹取の翁はくらもちの皇子の持ってきた蓬莱の玉の枝を見て、かぐや姫に）「今度はどうして**お**断り**申し上げら**れようか（いや、お断りすることはできない）」などと、……。

5　（中宮を）こんな（すばらしい）方がこの世にはいらっしゃったのだなあと、目が覚めるほどの気持ちでじっと見つめ**申し上げる**。

6　（中宮に、先刻）あったことの様子を、**お**話し**申し上げる**と、

7　（手塚太郎光盛が、戦いで首を取った次第を木曽義仲に）「……『名乗れ、名乗れ』と迫ったので**す**が、とうとう名乗りません**でし**た」と言うと、

6　注意すべき敬語法

(1)　二方面に対する敬語

古文の敬語を考える際、とくに現代語訳がしっくりこないとして頭を悩ませることがあります。それは、古文の敬語には現代では使われていない言い方が存在するからです。

とりわけ「二方面に対する敬語」がわかりにくいのは、現代語にはあまりない敬意表現ですし、謙譲語の用法が現代とは異なるからです。現代語における謙譲語は、自分（もしくは家族や同じ組織に属する人間）の動作をへりくだって用いる敬語ですが、古文ではその謙譲語を自分や身内でもない人に対して使うのですから、なんともわかりにくいというわけです。すなわち、古文の世界では、動作の主体（動作主）と客体（動作の行為を受ける人）を等分に配慮し、主体が敬うべき人なら尊敬語を用い、客体が敬うべき人なら謙譲語を用います。ともに敬うべき人だった場合には両方重ねて用いますが、これが「二方面に対する敬語」です。

☆　☆　☆

「二方面に対する敬語」は、「**謙譲語＋尊敬語**」の表現が一般的です。先に述べたように、一つの動作について謙譲語と尊敬語を用い、話し手や書き手から、その動作をする人と動作を受ける人の、両者同時に敬意を表す方法です。多くは、「謙譲の本動詞＋尊敬の補助動詞」の形で表されます。

1　月日経て、若宮**参りたまひぬ**。（源氏物語・桐壺）

【「参り」＝作者→帝　「たまひ」＝作者→若宮】

1　月日が経ち、若宮が参内なさった。

ここでの場面における人物の関係を考えてみましょう。ここは「源氏物語」において、桐壺の更衣の死後、初めて幼い光源氏が父帝に会うために参内《さんだい》する場面です。物語の説明者としての「書き手（作者）」がおり、幼い「若宮」が登場します。また直接語られてはいませんが、若宮が参内する対象者としての「帝」が存在します。「二方面に対する敬語」における三者の身分関係は、次のようになります。

・作者（身分は低め）
・動作主→若宮（身分が高い）
・動作の受け手→帝（さらに身分が高い）

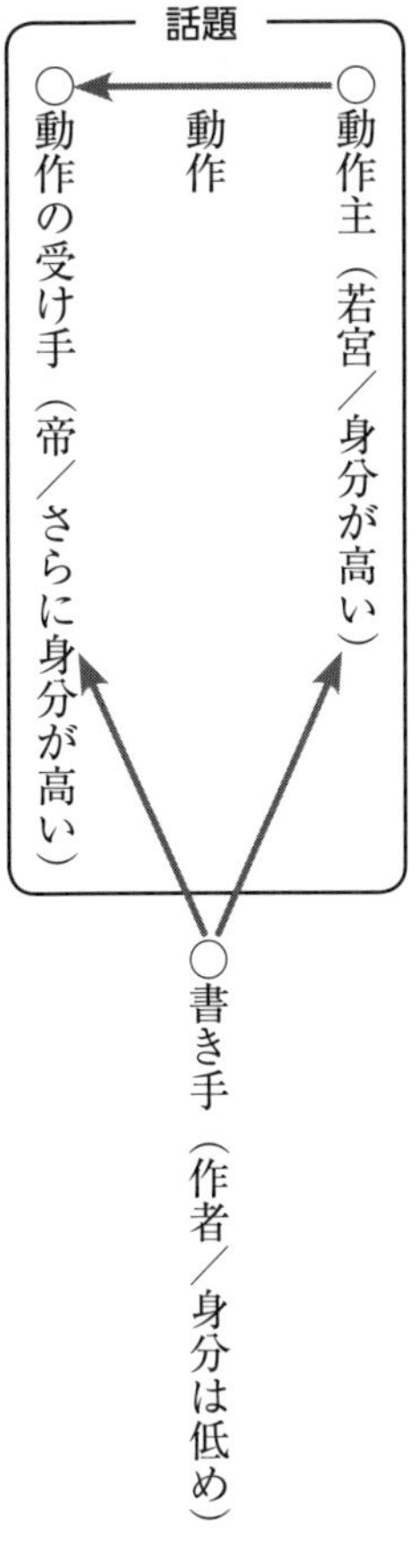

まず、作者は、宮中に参内するという若宮の動作に「参る」という謙譲語を用いて、若宮をお迎えする帝（動作の受け手）に敬意を表しています。次に作者は、若宮の参内するという動作を「たまふ」という尊敬の補助動詞で表すことによって、若宮（動作主）に敬意を表しているのです。つまり、「参りたまふ」は、作者から「帝」と「若宮」、両者への敬意表現なのだとわかります。

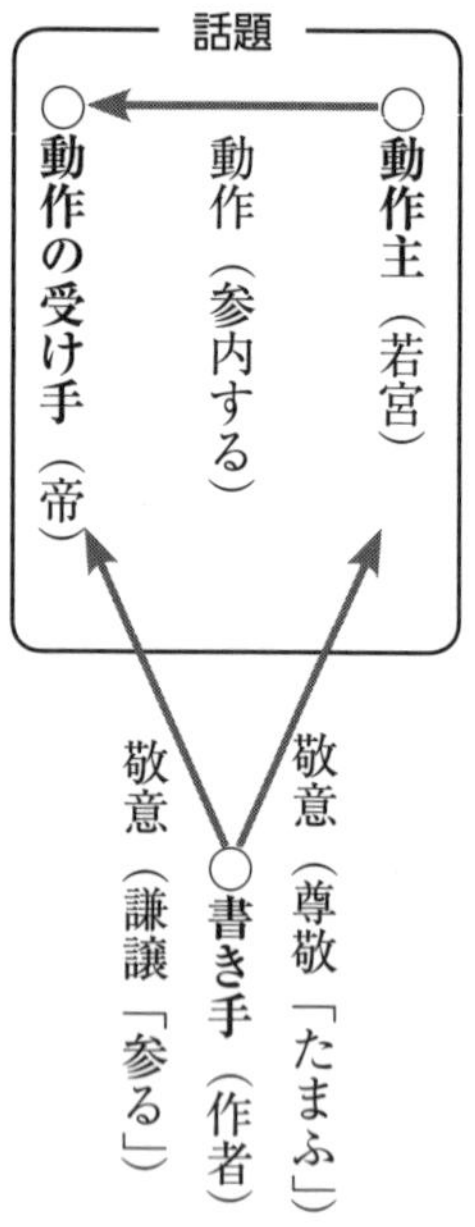

「二方面に対する敬語」は敬語学習最大のポイントです。しかも、古文に頻出する表現ですからしっかりと押さえましょう。なお、敬語が重なるときは、①謙譲語→②尊敬語→③丁寧語の順番で使われます。

■「二方面に対する敬語」の例■（――は謙譲語、＝は尊敬の補助動詞）

【聞こえ・たまふ】〈申し上げなさる・（手紙などを）差し上げなさる〉

2 （光源氏は、藤壺に）御文も聞こえたまはず、
（源氏物語・「賢木《さかき》」）

【「聞こえ」＝作者→藤壺　「たまは」＝作者→光源氏】

【仕うまつり・たまふ】〈お仕え申し上げなさる〉

3 （竹取の翁がかぐや姫に）「はや、この皇子にあひ仕うまつりたまへ」と……
（竹取物語・蓬莱の玉の枝）

【「仕うまつり」＝竹取の翁→皇子　「たまへ」＝竹取の翁→かぐや姫】

---

2 （光源氏は、藤壺に）お手紙も差し上げなさらないで、

3 （竹取の翁がかぐや姫に）「早くこの皇子と結婚してお仕え申し上げなさい」と……

【奉り・たまふ】〈差し上げなさる〉

4　（神功《じんぐう》皇后は）大三輪の社を立て、以《もっ》て刀《たち》矛を奉りたまふ。（日本書紀・神功皇后）

【「奉り」＝作者→大三輪神　「たまふ」＝作者→神功皇后】

【申し・たまふ】〈申し上げなさる〉

5　……と粟田殿の（帝を）騒がし申したまひけるは、（大鏡・花山院の出家）

【「申し」＝語り手→帝　「たまひ」＝語り手→粟田殿】

【罷《まか》で・たまふ】〈退出しなさる〉

6　藤壺宮、なやみたまふことありて、まかでたまへり。（源氏物語・若紫）

【「まかで」＝作者→帝　「たまへ」＝作者→藤壺宮】

【参り・たまふ】〈参上なさる〉

7　（元服の儀式は）申《さる》の時にて、源氏参りたまふ。（源氏物語・桐壺）

【「参り」＝作者→帝　「たまふ」＝作者→源氏】

【啓し・たまふ】〈（皇后・中宮・皇太子に）申し上げなさる〉

8　（道長が東宮に）「さ思し召すべきぞ」と啓したまふに、（大鏡・師尹《もろただ》）

【「啓し」＝語り手→東宮　「たまふ」＝語り手→道長】

4　（神功皇后は）大三輪の神を祀る社を建てて、太刀と矛を奉納なさる。

5　……と粟田殿が（帝を）せきたてて申し上げなさいますのは、

6　藤壺の宮は、身体のご不調があって、（宮中から）退出なさった。

7　（元服の儀式は）午後四時で、その時刻に源氏の君が参上なさる。

8　（道長が）「そのように心得なさいませ」と（東宮に）申し上げなさると、

【奏し・たまふ】〈（帝・上皇に）申し上げなさる〉

9　（大納言が）内に参りて、御鷹の失せたるよしを奏したまふときに、
（大和物語・いはで思ふ）【「奏し」＝作者→帝　「たまふ」＝作者→大納言】

「二方面に対する敬語」を現代語訳する基本は〈…し申し上げなさる〉ですが、それでしっくりこないと感じる場合には、状況に応じて工夫しましょう。例えば、「参りたまふ」は、〈行き申し上げなさる〉と訳すよりも〈参上なさる〉としたほうがいいでしょうし、また、「奉りたまふ」は〈お与え申し上げなさる〉とするよりも〈差し上げなさる〉もしくは〈献上なさる〉と訳すほうがこなれた現代語訳といえるでしょう。

以上の例は「謙譲の本動詞＋尊敬の補助動詞」ですが、「謙譲の補助動詞＋尊敬の補助動詞」という、補助動詞どうしの組み合わせもあります。

10　母后世になくかしづききこえたまふ（四の宮を）を、
（源氏物語・桐壺）【「きこえ」＝作者→四の宮　「たまふ」＝作者→母后】

ここは、光源氏にとって運命の人・四の宮（＝藤壺）が登場する場面です。「書き手（作者）」と先帝のお后である「母后」、その姫君「四の宮」の敬意の関係を考えてみましょう。

作者にとっては、母后も四の宮も雲の上の存在、身分の高い方々です。そこで、母后の動作である「かしづき」（カ行四段動詞「かしづく」〈大切に養い育てる〉の連用形）という動作に「きこゆ」という謙譲の補助動詞を用いて、育てられる四の宮（動作の受け手）への敬意を表しています。さらに作者は、母后の育てるという動作を「たまふ」という尊

9　（大納言が）宮中に参上して、御鷹がいなくなったことを（帝に）申し上げなさるときに、

10　母后がこの上なく大切にお世話申し上げなさっている方（＝四の宮）を、

敬の補助動詞で表すことによって、母后（動作主）への敬意を表しているのです。

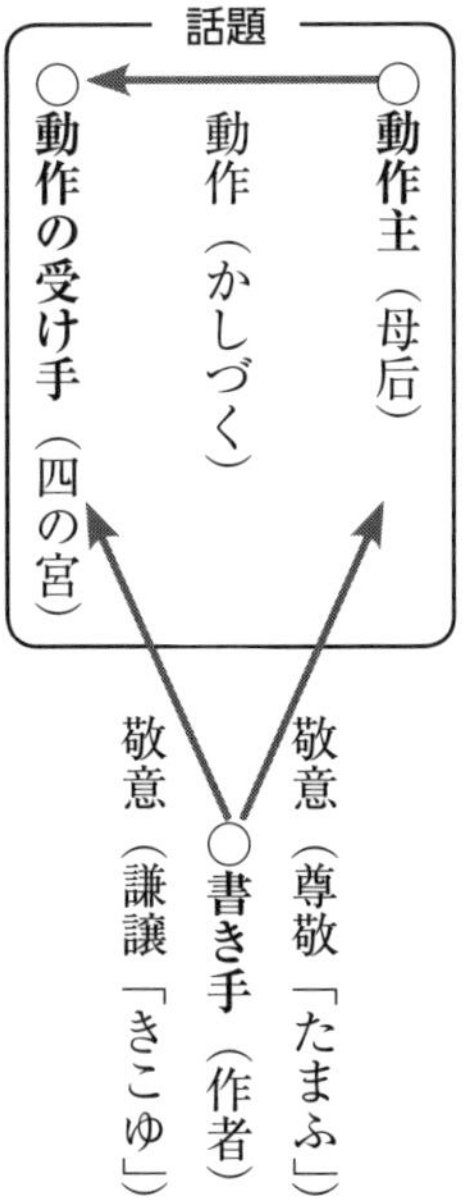

古文では主語が記されていないケースが多々ありますので、その分、敬意の対象を見極めることが重要になってきます。「二方面に対する敬語」は動作主と動作の受け手とを同時に扱うものです。尊敬語は動作主（主語）への敬意表現、謙譲語は動作の受け手（目的語）への敬意表現だということを確認し、文脈を読み取っていきましょう。

(2)　二重敬語（最高敬語）

尊敬語を二つ重ねて、動作主に対して高い敬意を表すものを二重敬語といいます。地の文では、とくに身分の高い人々に対して用いられることから「最高敬語」ともいいます。現代語訳の際には、動作主が誰であるのかを明らかにすることが大切です。この場合の敬意の対象（主語）は、帝や皇后・中宮などの皇族、あるいは摂政・関白など高い地位にある人と考えて間違いありません。

11（帝は、亡くなった桐壺の更衣に）いま一きざみの位をだにと、贈ら**せたまふ**なりけり。（源氏物語・桐壺）【作者→帝】

11　帝は、亡くなった桐壺の更衣にせめてあと一階級上の位だけでもと、**お**贈り**なさる**のでした。

桐壺の更衣の死を悲しんで三位の位を追贈する場面です。誰が贈るのかというと、「せたまふ」という最高敬語で「帝」とわかります。位を贈るという帝の行為に、尊敬の助動詞「す」と尊敬の補助動詞「たまふ」を重ねて、作者から帝への敬意を表しているのです。

■「二重敬語」〈尊敬語＋尊敬語〉の例■

【させ・たまふ】〈お…なさる〉

12 （帝は）御胸つとふたがりて、つゆまどろまれず、明かしかね**させたまふ**。（源氏物語・桐壺）【作者→帝】

【しめ・たまふ】〈お…なさる〉

13 （菅原道真《みちざね》が）明石《あかし》の駅《むまや》といふ所に御宿りせ**しめ給ひ**て…つくら**しめ給ふ**詩《し》、いとかなし。（大鏡・時平）【（どちらも）語り手→菅原道真】

【させ・おはします】〈お…なさる〉

14 上《うへ》も聞こしめして、興ぜ**させおはしまし**つ。（枕草子・五月ばかり、月もなう）【作者→帝】

【おほせ・らる】〈おっしゃる・お命じになる〉

15 「この翁丸《おきなまろ》打ちてうじて、犬島へつかはせ。ただ今」と（帝が）**おほせらるれ**ば、

---

12 （帝は）胸がいっぱいになって、少しもおやすみになれず、（夏の短い夜の）明けるのを待ちかねて**おいでになる**。

13 （菅原道真が）明石の駅という所にお泊まり**になられ**て…**おつく**り**になられる**漢詩は、とても悲しい。

14 帝もお聞きあそばされて、お楽しみ**なさっていらっしゃ**った。

15 「この翁丸（＝犬の名）を打ちこらしめて、犬島へ追放せよ。すぐさま」と（帝が）**お命じになる**ので、

(枕草子・うへにさぶらふ御猫は)【作者→帝】

【おぼさ・る】〈お思いになる〉

16　(桐壺の更衣が死んで) ほど経《ふ》るままに、(帝は) せむ方なう悲しう**おぼさるる**に、

(源氏物語・桐壺)【作者→帝】

【おぼしめさ・る】〈お思いになる〉

17　君のさしも執《しっ》し**おぼしめされ**つる紅葉を、

(平家物語・紅葉)【作者→帝】

【聞こし・めす】〈お聞きになる〉

18　上にも**聞こしめし**て渡りおはしましたり。

(枕草子・うへにさぶらふ御猫は)【作者→帝】

【御覧ぜ・らる】〈御覧になる〉

19　(新院は) 池中納言頼盛《よりもり》の卿の山庄《さんざう》、あら田まで**御覧ぜらる**。

(平家物語・還御《かんぎょ》)【作者→新院】

【のたまは・す】〈おっしゃる・仰せになる〉

20　(桐壺帝が)「なほ、しばし心見よ」と、**のたまはする**に、

(源氏物語・桐壺)【作者→帝】

16　(桐壺の更衣が死んで) 時がたつにつれて、(帝は) どうしようもなく悲しく**お思いになる**ので、

17　帝があれほど熱心に**お思いになられた**紅葉を、

18　帝も**お聞きになって** (中宮の部屋に) お越しなさった。

19　(新院は) 池中納言頼盛卿の別荘、新しく開墾された田まで**御覧になる**。

20　(桐壺帝が)「このままで、もうしばらく様子を見よ」と**おっしゃる**うちに、

なお、地の文で二重敬語が用いられるのは相手の身分がとくに高い場合に限られますが、会話文や手紙文の場合では、身分にかかわらず二重敬語が用いられることがあります。会話や手紙の場合は、より丁寧に伝えようとする意識が働くことにより、敬意の強い言い方になるのです。この場合は最高敬語とは異なりますので注意が必要です。

(3)　絶対敬語

敬語には、話し手と聞き手の関係、話し手と話題の人物との関係によって固定されているものがあります。これを絶対敬語といいます。

21　老いてかしら白きなどが人に案内言い、……「よきに**奏し**たまへ、**啓し**たまへ」など言ひても、
（枕草子・正月一日は）

【「奏し」＝かしら白き人→帝　「啓し」＝かしら白き人→中宮】

ここは、官吏任免の儀式である除目《じもく》近くなり、老いた貴族たちが女房たちに縁故を求めてくる場面です。文中の「奏す」「啓す」が絶対敬語になります。「奏す」とあれば無条件で天皇・上皇に〈申し上げる〉、「啓す」とあれば、中宮や皇太子に〈申し上げる〉ということなのです。

絶対敬語には次のようなものがあります。
「**奏す**」…（天皇・上皇に対して）〈申し上げる〉。
「**啓す**」…（皇后・中宮・皇太子に対して）〈申し上げる〉。
「**行幸**《ぎやうかう》」…天皇が外出すること。「みゆき」ともいいます。
「**行啓**《ぎやうけい》」…皇太后・皇后・皇太子・皇太子妃が外出すること。
「**御幸**《ごこう》」…上皇・法皇・女院が外出すること。

21　歳をとって白髪頭だったりする人が女房に取次ぎを頼んだり、……「どうかよしなに**帝に申し上げて**ください、**中宮様にも申し上げて**ください」などと頼み込んでも、

「崩御」…天皇・皇后・上皇・法王・皇太后がお亡くなりになる**こと**。
「朕《ちん》」…天皇の自称代名詞。

22 （光源氏は）忍びやかにふるまひ給へど、**みゆき**に劣らずよそほしく、（源氏物語・行幸《みゆき》）【作者↓帝】

23 法皇夜をこめて大原の奥へぞ**ごかう**なる。（平家物語。大原御幸《ごかう》）【作者↓法皇】

「上皇」とは、元天皇のこと。「法皇」とは、上皇となって出家した元天皇のことです。文中のこれらの絶対敬語に着目すると、敬意の対象が明記されていない場合でも、その場における人物がどのようなお方であるのかを特定することができます。

なお、「みゆき」は「行幸」とも「御幸」とも表記しますが、中世以降は音読して「行《ぎょう》幸《かう》」を天皇に、「御幸《ごかう》」を上皇・法皇・女院に用いるようになります。

(4) 自尊敬語（自敬敬語）

敬語は、本来、他者に敬意を表するために用いられるものです。ところが古典の中には、天皇のように特別高貴な身分のお方が会話の中で自分の動作に尊敬語を用いたり、相手の自分に対する行為に謙譲語を用いて、自分自身を高める表現が見られます。これを自尊敬語、あるいは自敬敬語といいます。

24 （帝は竹取の翁に）「汝が持ちてはべるかぐや姫奉れ。顔かたちよしと**聞こしめし**て、御使ひ**賜び**しかど、かひなく、見えずなりにけり。……」と仰せらる。（竹取物語・御門の求婚）
【「奉れ」＝帝↓帝　「聞こしめし」＝帝↓帝　「賜び」＝帝↓帝】

---

22 （光源氏は）こっそりとお出ましになるけれども、天**皇のおでかけ**に劣らないほどいかめしく、

23 法皇はまだ夜も深いうちに大原の奥へ**お出まし**になる。

24 （帝は竹取の翁に）「お前が持っているかぐや姫を**献上せよ**。容貌がすぐれていると私が**お聞きになって**、御使いを**お遣わしになった**のに、その甲斐もなく、逢うこともできないままになった。……」とおっしゃる。

帝が竹取の翁に対してかぐや姫をほしいと言っている場面です。本来、翁が使うべき謙譲語「奉る」や、尊敬語「聞こしめす」「賜ぶ」を自分自身に使っています。これがいわゆる自尊敬語ですが、この部分に関しては、翁のような身分の卑しい者に帝が直接話しかけることはあり得ませんから、この文を書いた作者から帝への隠れた敬意が現れたものと解する説もあります。

25　入道、「祇《ぎ》王《おう》とうとう**罷《まか》りいでよ**」。御使い重ねて三度まで立てられけれ。（平家物語・祇王）**【入道→入道】**

ここは、若い白拍子の仏御前に心を移した平清盛が、それまで寵愛していた祇王を追い出す場面です。

「罷りいづ」は「退出する」の謙譲語です。祇王の立場で使えば「入道」に対する敬意を表したことになります。ところが、ここは入道が自ら「早く退出せよ」と命令して、その中に自分自身に対する敬語を使っています。敬意の対象が自分自身という、自尊敬語になります。

清盛は娘の徳子（＝建礼門院）を高倉天皇の后として入内《じゅだい》させ、権勢を振るいました。また清盛自身にも高貴な方の子だという話もあります。そのようなところから、こういう驕《おご》ったふるまいが現れたのでしょう。

(5)　尊敬の助動詞（る・らる・す・さす・しむ）

尊敬の働きをもつ助動詞には「る」「らる」のグループと、「す」「さす」「しむ」のグループがあります。それぞれグループ内での意味・用法は同じなのですが、このうち、「る」と「らる」、「す」と「さす」は上接する動詞の活用の種類が異なりますので、注意が必要です。

25　入道（＝平清盛）は、「祇王は早々に**退出せよ**」と、お使いを三度まで出された。

すなわち、未然形がア段で終わる動詞（四段・ナ変・ラ変）には「る」「す」が、ア段以外の動詞（一段・二段・カ変・サ変）には「らる」「さす」が接続します。

　このことから、「る」と「す」の接続する動詞を、次のように意味づけて覚えるようにします。

「四ナラ、『る』『す』」（ヨナラ、ルス→夜なら、留守）

　「る」「らる」よりも「す」「さす」「しむ」のほうが敬意が強い表現です。とりわけ「『す』『さす』『しむ』＋尊敬語」の形は、たいへん程度の高い表現となり、それが地の文で用いられた場合には、天皇や皇后、あるいはそれに準ずるような人物に対しての最高敬語となります。（45ページ参照）

26　（後嵯峨天皇が）亀山殿《かめやまどの》建て**られ**んとて、（徒然草・二〇七）【作者→後嵯峨天皇】

27　皇子《みこ》「いと忍びて」とのたまは**せ**て、（竹取物語・蓬莱の玉の枝）【作者→皇子】

28　（私＝清少納言が）御格子《みかうし》上げさせて、御簾《みす》を高く上げたれば、（中宮は）笑は**せ**たまふ。（枕草子・雪のいと高う降りたるを）【作者→中宮】

29　おほやけも（北野天満宮へ）行幸せ**しめ**たまふ。（大鏡・道長）【語り手→帝】

　例文26の「られ」は、尊敬の助動詞「らる」の未然形です。亀山殿は後嵯峨天皇が造営された離宮で、その美しいことが「増鏡」に語られています。ここでは、天皇に対して比較的軽い「らる」という敬語が使われていますが、中世になって武士が台頭し、人々の身分制度への意識が崩れつつあることを窺わせます。

　例文28の「せ」は、尊敬の助動詞「す」の連用形。「せたまふ」で中宮に対する最高敬語です。例文29の「しめ」は、「しむ」の連用形。「しめたまふ」で帝に対する最高敬語となります。

26　（後嵯峨天皇が）亀山殿をお建て**になろ**うとして、

27　皇子は、「たいそう、こっそりと（行くのだ）」と**おっしゃられ**て、

28　（私が）御格子をあげさせて、御簾を高く巻き上げたところ、（中宮様は）**お**笑い**になる**。

29　帝も（北野天満宮へ）お出かけ**になられる**。

なお、「す」「さす」「しむ」には「使役」の働きもあり、「せ・たまふ」などの形で尊敬語を伴っていても、その場に命じられる人がいる場合は使役の可能性がありますから、あくまでも文脈から判断する必要があります。

また、助動詞「す」「さす」は、謙譲語とともに用いられるときは謙譲の意を補う働きをし、尊敬語とともに用いられるときは尊敬の意を補う働きをします。例えば、「聞こえ・させ・たまふ」の形の場合は、次のように二つの可能性が考えられます。

① 「聞こえ（謙譲語）＋させ（使役の助動詞）＋たまふ（尊敬語）」
② 「聞こえ（謙譲語）＋させ（尊敬の助動詞）＋たまふ（尊敬語）」

30 （春宮は柏木の話を）きこしめしおきて、桐壺の御方（＝明石の姫君）よりつたへて（その猫をほしいと女三の宮に）**聞こえさせたまひ**ければ、（源氏物語・若菜下）

↓①【「聞こえさせ」＝作者→女三の宮　「たまひ」＝作者→春宮】

31 （関白が中宮の）御前《おまへ》に居させたまひて、ものなど**きこえさせたまふ**。（枕草子・関白殿、二月二十一日に）

↓②【「きこえ」＝作者→中宮　「させたまふ」＝作者→関白】

例文30の「聞こえさせ」の「させ」は使役の助動詞「さす」の連用形ですが、謙譲語「きこえ」を強める働きをしています。例文31の「させ」は尊敬の助動詞「さす」の連用形で尊敬語を強める働きをしています。

実際には区別しにくいことも多いのですが、客体に高い敬意をはらったほうがよいと考えられる場合は①に、主体に高い敬意をはらったほうがよいと考えられる場合には②に、と考えてみましょう。

---

30 （春宮は柏木の話を）聞きとどめ置かれて、桐壺の女御（＝明石の姫君）を通じて（その猫をほしいと女三の宮に）**申し上げさせなさった**ので、

31 （関白道隆が中宮の）御前にお座りあそばして、話など**お申し上げあそばす**。

練習問題

問一　次の文章の空欄にふさわしい語を、後のア〜ツの語群から選び、記号で答えなさい。

話題の中の一つの動作について、話し手や書き手から、（　1　）と（　2　）の両者に、同時に敬意を表現したいときは、（　3　）・（　4　）の順に敬語を重ねる。例えば、「宮の御前に、内の大臣《おとど》の奉りたまへりける（草子）を、……」では、作者は「（　5　）」の謙譲語「（　6　）」によって（　7　）に敬意を表し、「（　8　）」という（　9　）の（　10　）によって（　11　）に敬意を表しているのである。このような敬語法を（　12　）という。

ア　尊敬語　イ　動作の受け手　ウ　丁寧語　エ　本動詞　オ　謙譲語
カ　動作主　キ　与ふ　ク　内の大臣　ケ　二方面に対する敬語　コ　補助動詞
サ　仕ふ　シ　宮　ス　たまふ　セ　謙譲　ソ　奉る　タ　二重敬語
チ　尊敬　ツ　絶対敬語

問二　次の傍線部の説明をしなさい。敬語の場合は、敬語の種類、および敬意の方向を答えなさい。

1　関白殿、黒戸より出でさせたまふとて、（枕草子・関白殿黒戸より）

2　夜うちふくる程に、（内大臣が）題出して、女房にも歌よませたまふ。（枕草子・五月の御精進《みさうじ》のほど）

3　中納言参りたまひて、（中宮に）御扇奉らせたまふに、（枕草子・中納言参りたまひて）

4　君なのめならず御感《ぎよかん》なつて、（仲国に）「なんぢやがて夜さり小督《こごう》を具して参れ」と仰せければ、（平家物語・小督）

5　もがさおこりたるにわづらひたまひて、前少将はあしたにうせ、後少将はゆふ

練習問題

問二　1　関白さま（＝藤原道隆）が、黒戸から退出**なさる**というので、

2　夜が更けた頃に、（内大臣が）題を出して、女房にも歌を詠ま**せなさる**。

3　中納言が参上なさって、（中宮に）扇を**献上なさる**ときに、

4　帝は並々ならぬほどお喜びになられ、（仲国に）「ではすぐに、お前が今夜小督を連れて**参れ**」とおっしゃるので、

5　天然痘が流行したのに**お**かかり**になって**、前少将は朝**お**なくなりになり、後少将は夕方**お**なくなり**になって**しまったのだよ。

べにかくれたまひにしぞかし。（大鏡・伊尹《これただ》）

6　阿闍梨《あじゃり》、「……母上は、君をこそ兄君よりは、いみじう恋ひ聞こえたまふめれ」と聞こえければ、（大鏡・伊尹）

7（関白道隆が中宮に）「いとあしきこと。はやのぼらせたまへ」と申させたまふに、（枕草子・淑景舎、東宮にまゐり給ふほどのことなど）

問三　次の文章は「大鏡」における「道長」の一節で、道長（＝殿）と、中関白（＝道隆）の長男伊周《これちか》（＝帥殿《そちどの》）との弓争いの対立を語ったものである。これを読んで後の問いに答えなさい。

①帥殿の、南の院にて、人々集めて弓遊ばししに、この殿渡らせたまへれば、「思ひかけずあやし」と、中関白殿おぼし驚きて、いみじう饗応《きやうよう》し申させたまひて、②下臈《げらふ》にておはしませど、前に立て奉りて、まづ射させ奉らせたまひけるに、帥殿の矢数《やかず》、いま二つ劣りたまひぬ。③中関白殿、……「いま二度延べさせたまへ」と申して、延べさせたまひけるを、安からずおぼしなりて、「さらば延べさせたまへ」と仰せられて、④また射させたまふとて、仰せらるるやう、「道長が家より、帝・后立ちたまふべきものならば、この矢当たれ」と仰せらるるに、⑤同じものを、中心《なから》には当たるものかは。

1　a　傍線部ア「饗応し申させたまひて」の「申さ」「せたまひ」が併用された用法を説明しなさい。

b　aの用法と同じものを、文中から抜き出しなさい。

2　傍線イ「射させ奉らせたまひけるに」と、傍線ウ「また射させたまふとて」の「させ」の相違を説明しなさい。

6　阿闍梨が、「……あなた方の母上は、あなたの方を、お兄さまよりずっとひどく恋しく**お思い申し上げなさって**いるようなのに」と申し上げたところ、

7（関白道隆が中宮に）「たいそう失礼なこと。早く参内**なさいませ**」と**お申し上げあそばす**ときに、

問三　現代語訳は解答・解説編にあります。

7　二つの用法のある敬語

同じ敬語の言葉でありながら、尊敬語と謙譲語、謙譲語と丁寧語など、敬語としての用法が異なって、違う意味に使われるものがあります。このような言葉は、それぞれの場面を押さえて、どの用法であるのかに注意しなければなりません。

「きこゆ」の識別

きこゆ①　→ヤ行下二段動詞〈聞こえる・世に知られる・理解される〉
きこゆ②謙譲　→「言ふ」の謙譲語〈申し上げる・（手紙などを）差し上げる〉
きこゆ③謙譲　→謙譲の補助動詞〈お…申し上げる・お…する〉

1　人々のいはく、「これ、むかし名高く**聞こえ**たるところなり」（土佐日記・二月九日）→①

2　「（藤壺は母桐壺の更衣に）いとよう似たまへり」と内侍のすけの（光源氏に）**きこえ**けるを、（源氏物語・桐壺）→②【作者→光源氏】

3　（翁がかぐや姫に）「（あなたを）竹の中より見つけ**きこえ**たりしかど、」（竹取物語・かぐや姫の昇天）→③【翁→かぐや姫】

「聞こゆ」は、「聞こえる」という意味の動詞が基本で、この場合は謙譲語ではありません。謙譲語の「聞こゆ」は、話したことが相手の人に聞かれる、ということから生まれた用法と考えられます。

1　人々が言うには、「ここは、昔評判高く**世間に知られた**ところである」

2　「（藤壺は母桐壺の更衣に）じつによく似ていらっしゃいます」と内侍のすけが（光源氏に）**申し上げた**のを、

3　（翁がかぐや姫に）「（あなたを）竹の中から**お見つけ申し上げた**のですが、」

「きこえさす」の識別

きこえさす①謙譲 → 「言ふ」の謙譲語〈申し上げる・（手紙などを）差し上げる〉
きこえさす②謙譲 →謙譲の補助動詞〈お…申し上げる・…して差し上げる〉
きこえさす③謙譲 → （謙譲語「聞こゆ」＋使役の助動詞「さす」）〈申し上げさせる〉
きこえさす④謙譲 → 「言ひさす」の謙譲語〈申し上げるのを途中でやめる〉

4 （女房の小少将は）「『（女二の宮に）いかなりしことぞ』と（母御息所《みやすどころ》が）問はせたまひつれば、（夕霧とのことを）……けざやかに**聞こえさせつる**」と申す。（源氏物語・夕霧）→①【小少将→母御息所】

5 （中宮の御輿も）いつしか出でさせ給はなんと待ち**きこえさする**に、いとひさし。（枕草子・関白殿二月二十一日に）→②【作者→中宮】

6 （僧都が光源氏に）「かの祖母《おば》に語らひはべりて**聞こえさせむ**」と、（源氏物語・若紫）→③【僧都→光源氏】

7 （右近は）人々参れば（光源氏への話を）**聞こえさしつ**。（源氏物語・玉鬘《たまかづら》）→④【作者→光源氏】

「聞こえさす」は動詞・補助動詞として「聞こゆ」と同様に用いられますが、「聞こゆ」に比べて謙譲の意が高くなります。

また、同じ形でも、「さす」本来の使役の意味が残って、「誰かに申し上げさせる」という意味の場合（聞こえさす③）と、「申し上げるのを途中でやめる」意味の場合（聞こえさす④）がありますから、注意しましょう。④の場合の「さす」は途中でやめる意の接尾語です。

---

4 （女房の小少将は）「『（女二の宮に）どのようなことがあったのか』と（母御息所が）お尋ねあそばしたので、（夕霧とのことを）……はっきりと**申し上げ**ました」と申し上げる。

5 （中宮の御輿も）早くお出まし下さるといいと**お待ち申し上げ**ているのに、実にひまがかかる。

6 （僧都が光源氏に）「あの祖母に相談いたしまして、（祖母から）**申し上げさせよう**」と、

7 （右近は）女房たちが参上したので（光源氏へ）**申し上げるのを途中でやめた**。

「たてまつる」の識別

たてまつる①尊敬　→「食ふ・着る・乗る」の尊敬語〈召し上がる・お召しになる・お乗りになる〉
たてまつる②謙譲　→「与ふ」の謙譲語〈差し上げる・参上させる〉
たてまつる③謙譲　→謙譲の補助動詞〈お…申し上げる〉

8　宮は、白き御衣《おんぞ》どもに紅の唐綾《からあや》をぞ上に**たてまつり**たる。（枕草子・宮にはじめてまゐりたるころ）→①【作者→宮（＝中宮）】

9　（光源氏は尼上に）またの日、御文**奉れ**たまへり。（源氏物語・若紫）→②【作者→尼上】

10　宮司《みやづかさ》、さぶらふ人々、みな手をわかちて（くらもちの皇子を）もとめ**たてまつれ**ども、（竹取物語・蓬莱の玉の枝）→③【作者→くらもちの皇子】

身分の高い人が「食う・着る・乗る」の意味で動詞が使われている場合は「尊敬」となりますが、それ以外の動詞、補助動詞の場合は「謙譲」です。
「奉る」と同じ謙譲の補助動詞に「聞こゆ」がありますが、「奉る」は「見る」「聞く」などの動作を表す動詞や助動詞の「る」「らる」「す」「さす」「しむ」につき、「聞こゆ」は「思ふ」「恋ふ」などの精神活動を表す動詞につく傾向があります。

「たまふ」の識別

たまふ①尊敬　→「与ふ・授く」の尊敬語〈お与えになる・くださる〉
たまふ②尊敬　→尊敬の補助動詞〈お…になる・なさる〉
たまふ③謙譲　→「受く・飲む・食ふ」の謙譲語〈いただく〉
たまふ④謙譲　→謙譲の補助動詞〈…せ（させ）ていただく〉

8　中宮様は、白い服を着て、赤い唐綾をその上に**羽織っておられ**た。

9　（光源氏は尼上に）次の日、お手紙を**差し上げ**なさった。

10　皇子の邸で諸事を司る役人や、お仕えする人々が、みなで手分けして（くらもちの皇子を）**お**探し**申し上げる**けれども、

11　草枕旅の翁と思ほして針ぞ**給へる**縫はむ物もが　↓①【作者→針をくれた人】（万葉集・四一二八）

12　弁の内侍《ないし》来て、物語して、臥し**たまへり**。　↓②【作者→弁の内侍】（紫式部日記・つごもりの夜）

13　魂は朝《あした》夕べに**給ふれ**どあが胸痛し恋の繁きに　↓③【作者→魂の持ち主】（万葉集・三七六七）

14　（聖《ひじり》が光源氏に）「今はこの世のことを思ひ**たまへ**ねば」と、　↓④【聖→光源氏】（源氏物語・若紫）

「たまふ」で肝心なことは、尊敬語〈四段活用〉と謙譲語〈下二段活用〉の違いを見極めることです。活用語尾が平仮名で一文字の「たまは」「たまひ」「たまふ」の場合は尊敬語、活用語尾が2文字の「たまふる」「たまふれ」の形の場合は必ず謙譲語になります。

また、謙譲の補助動詞の場合は、会話文・手紙文だけに使われること、主語が「話し手・書き手」（＝わたくし）であること、「見る・聞く・思ふ・知る・覚ゆ」という限られた動詞にだけ接続すること、の3点を確認しておきましょう。（36ページ参照）

「はべり／さぶらふ」の識別

はべり／さぶらふ①丁寧　→「あり・居《を》り」の丁寧語〈あります・おります〉
はべり／さぶらふ②丁寧　→丁寧の補助動詞〈…です・…ます・ございます〉
はべり／さぶらふ③謙譲　→「仕ふ」の謙譲語〈お仕えする・参上する〉

15　（僧都が帝に）「かかる老《おい》法師の身には、たとひ憂《うれ》へ**侍り**とも、何の悔いか**侍らむ**」（源氏物語・薄雲）↓①【（どちらも）僧都→帝】

11　私を旅の翁だとお思いなされて針を**くださっ**たことだ。縫う布もいただきたいものです。

12　弁の内侍が来て、（いろいろ）話などして、（そのまま）**お休みになっ**た。

13　あなたの真心だけは朝でも晩でも始終**いただく**（＝行き会っている）けれど、私の胸は痛いのだ。恋が絶え間ない（＝はなはだしく恋焦がれる）ので。

14　（聖が光源氏に）「今は現世のことは考え**させていただき**ませんので」と、

15　（僧都が帝に）「このようなおいぼれた法師の身には、たとえ災難が**ございまし**ても、何の後悔が**ありましょうか**」

16　（薬師仏に）「物語の多く**さぶらふ**なる、あるかぎり見せたまへ」と、（更級日記・門出）　↓①【話し手（＝作者）↓薬師仏】

17　中将、「（帝は）御気色あしく**はべりき**」と、（光源氏に）聞こえたまひて、（源氏物語・夕顔）　↓②【中将↓光源氏】

18　（かつての使用人の娘が敦賀の女に）「けふしも、かしこく参り**さぶらひ**にけり」とて、（宇治拾遺・九ノ三）　↓②【使用人の娘↓敦賀の女】

19　（光源氏が女房たちに）「もの恐ろしき夜のさまなめるを、宿直《とのい》人にて**侍らむ**」（源氏物語・若紫）　↓③【光源氏↓女房たち】

20　物語などして（女房たちが）集まり（中宮のおそばに）**さぶらふ**に、（枕草子・雪のいと高う降りたるを）　↓③【作者↓中宮】

20　身分の高い人に「仕え」たり、側に「お控え」したりする意味の場合は「謙譲」となります。それ以外の動詞〈あります・おります・ございます〉の場合、および補助動詞の場合は「丁寧」となります。

「まゐる」の識別

まゐる①尊敬　↓「飲む・食ふ」「す」の尊敬語〈召し上がる…（を）して差し上げる〉
まゐる②謙譲　↓「行く・来」の謙譲語〈参上する・お仕えする〉
まゐる③丁寧　↓「行く・来」の丁寧語〈まいります〉

21　（内大臣たちは）大御酒《おほみき》**まゐり**、御遊びなどしたまふ。（源氏物語・藤裏葉）　↓①【作者↓内大臣たち】

22　（源氏の）君は二三日《ふつかみか》、うちにも**参り**たまはで、（源氏物語・若紫）　↓②【作者↓帝】

16　（薬師仏に）「物語がたくさん**ございます**とかいう、その物語をすべてお見せください」と、

17　頭中将は、「（帝は）ご機嫌が悪う**ございました**」と、（光源氏に）申し上げられて、

18　（かつての使用人の娘〈＝観音の化身〉が敦賀の女に）「今日という今日に、ちょうど都合よく参り**ました**」と言って、

19　（光源氏が女房たちに）「なんとなく恐ろしい感じの夜であるようなので、（私が）宿直する人として**お仕えしよう**」

20　話などをしながら（女房たちが）集まり（中宮のおそばに）**お控え申し上げている**ときに、

21　（内大臣たちは）御酒を**召し上がって**、管弦のお遊びなどをなさる。

22　（源氏の）君は、二、三日、宮中にも**参内し**なさらないで、

23　外より来たる人の、「今**まゐり**つる道に、紅葉《もみぢ》のいとおもしろきところのありつる」といふに、（更級日記・物語）→③【外より来たる人→聞き手（＝作者）】

「まゐる」は謙譲語としての「参上する」「参詣する」の意が原義ですが、尊敬語としての用法も重要ですので、注意が必要です。身分の高い人が「食ふ・飲む・す〈なさる〉」の意味の動詞の場合は「尊敬」となります。

「まゐらす」の識別

まゐらす①謙譲　→「与ふ」「やる」の謙譲語〈差し上げる・献上する〉
まゐらす②謙譲　→謙譲の補助動詞〈お…申し上げる・お…する・…して差し上げる〉
まゐらす③謙譲　→「『まゐる』＋使役『す』」〈参上させる・（何かを）して差し上げさせる〉

24　（中将は）薬の壺に（かぐや姫の）御文そへ、（帝に）**まゐらす**。（竹取物語・ふじの山）→①【作者→帝】

25　（蔵人の重兼が大納言実定卿に）「（厳島神社の巫女《みこ》たちが）めづらしう思ひ**まゐらせ**て、もてなし**まゐらせ**候はんずらん」と申しければ、（平家物語・徳大寺之沙汰）→②【（どちらも）重兼→実定卿】

26　（母の御息所は、落ち葉の宮に）大殿油《おほとなぶら》など急ぎ**まゐらせ**て、御台《みだい》などこなたにて**まゐらせ**たまふ。（源氏物語・夕霧）→③【（どちらも）作者→落ち葉の宮】

中古中期ごろの謙譲語としては「奉る」「聞こゆ」「申す」が主に使われていましたが、中古末になると「まゐらす」がよく用いられました。やがて「まらする」「まっする」に変化し、現代語の丁寧語の助動詞「ます」になります。

23　外から訪ねてきた客が、「今通**ってまいりまし**た道に、紅葉のたいそう美しいところがあったの」と言うので、

24　（中将は）薬の壺に（かぐや姫の）お手紙を添えて、（帝に）**差し上げる**。

25　（蔵人の重兼が大納言実定卿に）「（厳島神社の内侍たちが）めずらしく**お思い申し上げ**て、**おもてなし申し上げる**ことでございましょう」と申したので、

26　（母の御息所は）灯火など急いで**おとも し申し上げさせ**て、御膳など落ち葉の宮に**ご用意させ**なさる。

練習問題

問一　次の傍線部の敬語について、敬語の種類（A尊敬語・B謙譲語・C丁寧語）と、a動詞・b補助動詞の別を、それぞれ記号で答えなさい。

1 （ある人が光源氏に）「北山になむ、なにがし寺といふ所に、かしこき行ひ人はべる〔ア〕。……ししこらかしつる時はうたてはべる〔イ〕を、とくこそ試みさせたまはめ」など聞こゆれ〔ウ〕ば、（源氏物語・若紫）

2 （玉鬘が）内裏へ参りたまは〔エ〕むことを、やすからぬことに（鬚黒）大将思せど、そのついでにや、まかでさせたてまつら〔オ〕むの御心つきたまひて、ただあからさまのほどを許し聞こえ〔カ〕たまふ。（源氏物語・真木柱）

3 例の夜いたう更けぬれば、御前なる人々、一二人づつうせて、御屏風几帳の後などに、みな隠れ臥しぬれば、唯一人になりて、ねぶたきを念じてさぶらふ〔キ〕に、（枕草子・大納言殿参りたまひて）

4 （夕霧は）御粥など参り〔ク〕て、院の御前に参り〔ケ〕たまふ。（源氏物語・夕霧）

5 （女が光源氏に）「人の思ひ侍らむことの恥ずかしきになむ、えきこえさす〔コ〕まじき」と、（源氏物語・空蝉《うつせみ》）

6 母君泣く泣く奏して、（桐壺の更衣を）まかでさせ奉り〔サ〕たまふ。（源氏物語・桐壺）

7 （熊谷直実《なおざね》が敦盛《あつもり》に）「たすけまゐらせ〔シ〕んとは存じ候へども、味方の軍兵《ぐんぴやう》雲霞のごとく候ふ。……」と申しければ、（平家物語・敦盛最期）

8 （聖海上人が）人あまた誘ひて、「いざたまへ〔ス〕、出雲拝みに。かいもちひ召させん」とて、（徒然草・二三六）

問二　次の文の傍線部について、最も適したものをそれぞれ後から選んで、記号で答えな

練習問題

問一　1 （ある人が光源氏に）「北山の、なにがしというお寺に、すぐれた行者が**おります**。……病気をこじらせてしまったときは厄介**でございます**から、早く（祈祷を）お試しなさるがよい」などと**申し上げる**ので、

2 （玉鬘が）参内**なさる**予定を、面白くないと（鬚黒）大将はお思いであるが、それをしおに、（そのまま自邸に）退出**お**させ**しよう**という思案がおつきになり、ほんのちょっとの間ということで（参内を）**お**許し**申し上げ**なさる。

3 いつものように、夜がたいそう更けてしまったので、（中宮の）御前に控える女房たちが、一人二人といなくなって、御屏風や御几帳の後ろなどに、みんな隠れて寝てしまったので、私はたった一人、眠たいのを我慢して**お仕え申し上げる**と、

4 （夕霧は）ご飯などを**召し上がって**、院（＝光源氏）の御前に**おあがり**なさる。

さい。

御女《むすめ》、村上の御時の宣耀殿《せんえうでん》の女御、かたちをかしげにうつくしう①おはしけり。内へ②まゐり③たまふとて、御車に④たてまつりたまひければ、わが御身はのりたまひけれど、御《み》ぐしのすそは母屋の柱のもとにぞおはしける。（大鏡・伊尹）

ア　尊敬の動詞　イ　謙譲の動詞　ウ　丁寧の動詞　エ　尊敬の補助動詞

オ　謙譲の補助動詞　カ　丁寧の補助動詞

問三　次の文は宇治の八宮（光源氏の弟）と、ようやく成長したその娘たちとの家族団らんの場を語ったものである。傍線部の敬意の対象をそれぞれ後から選んで、記号で答えなさい。

御念誦《ねんず》のひまひまには、この君たちをもてあそび、やうやうおよすけたまへば、琴ならはし、碁打ち、偏つきなど、はかなき御遊びわざにつけても、心ばへどもを見①たてまつり②たまふに、姫君（＝大君）は、らうらうじく、深く重りかに見え③たまふ。若君（＝中の君）は、おほどかにらうたげなるさまして、ものづつみしたるけはひに、いとうつくしう、さまざまにおはす。（源氏物語・橋姫）

ア　大君　イ　中の君　ウ　大君と中の君　エ　亡き母　オ　八の宮

問四　次の文の傍線部について、後の説明文の空欄に当てはまるものをそれぞれ後から選んで、記号で答えなさい。

①御前の御階《みはし》のもとに躬恒《みつね》を召して、「月を弓張《ゆみはり》といふ心はなにの心ぞ。これがよしつかうまつれ」と仰せ言ありしかば、

②照る月を弓はりとしもいふことは山辺をさしていればなりけり

③と申したるを、いみじう感ぜさせAたまひて、大袿《おおうちぎ》Bたまひて、肩にうちかく

5　（女が光源氏に）「人が思うでしょうことが恥ずかしくて、**お手紙を差し上げる**ことはできそうもありません」と、

6　（更衣の）母君が涙とともに奏上して、（桐壺の更衣の）お里さがりを**おさせなさる**。

7　（熊谷直実が敦盛に）「**お助け申し上げ**ようとは存じますが、味方（＝源氏方）の軍勢が雲霞のように（大勢）おります。……」と申したところ、

8　（聖海上人が）人を大勢誘って、「さあ、**いらっしゃい**、出雲神社へお参りに。ぼた餅をごちそうしましょう」と言って、

問二　姫君は、村上天皇の御世の宣耀殿の女御で、容貌がいかにも美しく、かわいらしく**いらっしゃった**。宮中に**参内なさる**といって、お車に**お乗りになら**れたところ、ご自分のお体はお乗りになったけれど、御髪の端は母屋の柱のもとにおありになった（というほど、髪が長くみごとだった）。

問三　（八の宮は）御念仏の合間合

るままに、

④白雲のこのかたにしもおりゐるは天つ風こそ吹きてきぬらし

いみじかりしものかな。

（大鏡・道長下）

【説明文】　傍線部Aは（　①　）詞としての用法で、（　②　）を示し、傍線部Bは（　③　）詞で、（　④　）の意味である。

ア　助詞　イ　補助動　ウ　本動　エ　いただく　オ　くださる

カ　お召しになる　キ　尊敬　ク　丁寧

問五　傍線部ア～オの「給ふ」の中で、敬語の用法が他と異なるものを一つ選んで、記号で答えなさい。

①（俊蔭が山の王（＝熊）に言うことには）「しばし待ち給へ〔ア〕。まろが命絶ち給ふな。まろは孝の子なり。②親はらからもなく使ふ人もなくて、荒れたる家にただ一人住みて、まろが参る物にかかり給へる〔イ〕母を持ち奉れり。③里にはすべき方もなければ、かかる山の木の実、葛の根を採りて親に参らするなり。④高き山、深き谷降り登りまかり歩きて、朝にまかり出て暗うまかり帰るほどだにうしろめたう悲しく侍れば、かかる山の王棲み給ふ〔ウ〕とも知らで、近くと思う給へ〔エ〕て見侍りつるなり。⑤むなしくなりなば親もいたづらになり給ひ〔オ〕なむ。」

（宇津保物語・俊蔭）

問六　次の文の傍線部を現代語訳しなさい。

（息子の夕霧について光源氏が大宮に言うことには）「ただ今ははかばかしからずながらも、かくてはぐくみはべらば、せまりたる大学の衆とて、笑ひ侮る人もよもはべらじと思うたまふる。」

（源氏物語・少女）

間には、この姫君たちを遊び相手になさって、だんだん成長なさると、琴を稽古させ、碁打ちや、偏つき（＝文字遊び）など、ちょっとしたお遊びにつけても、（娘二人の）性格を**お見申し上げなさる**につけ、姫君（＝大君）は、才気があり、落ち着いてしっかりして**お**見え**なさる**。若君（＝中の君）は、おっとりとかわいらしいご様子で、はにかんでいるご様子で、たいそうかわいらしく、（二人の娘）それぞれに優れていらっしゃる。

問四・問五・問六　現代語訳は解答・解説編にあります。

皆藤俊司（かいとう・しゅんじ）
1971年國學院大學文学部卒。大学受験生対象の受験雑誌編集（旺文社）、高等学校国語教科書の編集（桐原書店）に36年間携わる。その後、その経験を生かして、日本全国の高校生・国語教師を対象に講演活動を行い、学習法や指導法を発信し続けている。著書に『古文攻略　助動詞がわかれば古文は読める！』など。

古文攻略
敬語がわかれば古文は完璧！

2016年9月15日　第1刷発行

編著者　皆藤俊司
発行者　稲葉義之
印刷所　株式会社シナノパブリッシングプレス

発行所　株式会社 **小径社** Shokeisha Inc.
〒350-1103　埼玉県川越市霞ケ関東5-27-17　TEL 049-237-2788
http://www.shokeisha.com/

ISBN　978-4-905350-06-4
◎定価はカバーに表示してあります。
◎落丁・乱丁はお取り替えいたします。